时代纪录

2

TIMEDOC

主编 洪 海

格致出版社 上海人民出版社

图书在版编目(CIP)数据

时代纪录.2/洪海主编.—上海:格致出版社:
上海人民出版社,2022.9
ISBN 978-7-5432-3375-1

Ⅰ.①时… Ⅱ.①洪… Ⅲ.①名人-传记-中国-现
代 Ⅳ.①K820.7

中国版本图书馆 CIP 数据核字(2022)第 152787 号

特约编辑 杨紫琳
责任编辑 王 萌
装帧设计 肖晋兴

时代纪录·2

洪 海 主编

出　　版　格致出版社
　　　　　上海人民出版社
　　　　　(201101 上海市闵行区号景路 159 弄 C 座)
发　　行　上海人民出版社发行中心
印　　刷　上海盛通时代印刷有限公司
开　　本　720×1000 1/16
印　　张　14.5
字　　数　100,000
版　　次　2022 年 9 月第 1 版
印　　次　2022 年 9 月第 1 次印刷
ISBN 978-7-5432-3375-1/K·221
定　　价　88.00 元

写这篇前言时，关于 2021 年的回忆碎片还是会不断地涌现在眼前。

很难用一句话去概括 2021。

新冠肺炎疫情持续席卷全球一年多以后，人们的恐惧、彷徨都似乎逐渐消减下来，虽然偶有焦虑，但主调是乐观，还可以像卓别林《淘金记》里的流浪汉一样，在暴风雪天的小木屋，用自己的皮靴做一顿精致的晚餐。

总之，人们愿意相信，前路是光明的。

在新冠肺炎疫情全球大流行和世界百年未有之大变局的相互影响下，我们像是走进了茨威格心境的轮回曲，每个人都是那些巨大转变的亲历者与见证人，而且都是迫不得已地成为见证人。"对我们这一代人而言，不存在任何的逃避，不可能像我们的先辈那样置身于局外……没有一片可以逃遁的土地，没有一种用钱可以买到的安宁。"（茨威格《昨日的世界》）虽然安宁暂时缺失了，但是中国人特有的温良和坚韧，总会慢慢地重燃希望。

时代既然选择了我们，纪录也就自觉成为一种使命。2022 年是《时代纪录》做 MOOK（Magazine Book）的第二年。仍然感激当初施宏俊先生的提议，也希望这部"纸上纪录片"能够作为时代的注脚之一，可持续地放映下去。

在本书中，一共选取了郁亮、尹烨、郭宝昌、徐冰、李成才、许知远、肖全、魏克然、关成贺、谈义良、詹中文、戴华伟郎这 12 位人物。在他们之中，有企业家、科学家、艺术家，也有导演、作家、摄影师。他们是各自领域的佼佼者，在同一片天空下，演奏出属于这个时代的旋律。

如果用一个词来连接 2021 年时的他们，我想可以是——"改变"。

在历史激荡前行的当下，他们的不断创造，成为改变未来的序曲。华大基因的 CEO 尹烨曾笃定地说："人一辈子实际上就活几个瞬间。"有趣的是，作家许知远也有类似的观点："最后你的人生是由决定性的瞬间构成的。"不论是向外对物理世界的探索，还是向内对精神世界的挖掘，这些人的身上都散发着一致的向上的生命力，追求人生能留住的瞬间，在提升自我的同时也影响着周围的人。像蝴蝶效应最初扇起的一缕微风，不知道最终会在哪片天空下引起改变的风暴。

纪录是与时间对抗的一种方式。在接触他们时，我感觉自己好像也短暂地跌进了他们的人生轨迹里。作为一个旁观者，我希望自己能尽量保持客观，"多记印象，少写主见"。我很感激这本MOOK里所有相关的人愿意被我以这种方式记录下来。

希望熟悉或者陌生的您翻开这本MOOK时，能够跟随镜头和文字，进入到这些人物的世界，也进入到我们共同的时代——一个生生不息的，随时在改变的时代。

谨以此，纪念我们一起走过的2021。
祝您阅读愉快。

洪 海

2022 年 8 月 11 日
于 深圳十七英里

致谢

感谢这本书记录的每一个人物，尹烨、许知远、徐冰、李成才、詹中文、郭宝昌、郁亮、魏克然（Vikram）、谈义良、肖全、关成贺、戴华伟郎。谢谢您耐心地说出了自己的故事，允许我贴近观察并随时记录。

感谢紫琳女士为本书做主笔，文采承殊渥。

感谢林淑娴、何佩灵、李原霆、龚新雅，面对车载斗量的资料，你们所做的整理、编辑、撰写工作，奠定了这部纸上纪录片的基础。

特别感谢施宏俊先生的提议，让这些散落在记忆里的片段以一种特别的方式连接起来。

感谢青年设计师肖晋兴先生，对本书的设计。

目 录

李成才

许知远

肖全

魏克然

关成贺

谈义良

詹中文

戴华伟郎

郁亮

万科集团董事会主席。
北京大学经济学硕士，1990年加
入万科企业股份有限公司。

想象 2049 年的万科

止步的理由万千，坚持的原因只需要一个

2015 年，郁亮在哈佛做演讲，主题名为《管理，从自己开始》。对他而言，定目标、做规划似乎是基本的为人处世之道。

他的节奏是"每五年思考一下人生"，所以在 45 岁的时候，他为自己定下了三个五年目标：登珠峰、跑全马、练腹肌。

为了不给自己留退路，他选择从最艰难的登珠峰开始。登山队伍的名字取作"菜鸟队"。一方面是为了提醒自己保持菜鸟心态，能够虚心学习，认真面对。另一方面，这个名字听着让人心态放松。"万一真没登顶也没什么，本身我们就是一群菜鸟嘛！"

↖ 哈佛科学中心 E 厅演讲现场，背景 PPT 是郁亮 2009 年在南极（2015年 4 月 24 日）

↑ 慕士塔格峰上，郁亮手持万科的 LOGO（2016 年 1 月 30 日）

↓ 郁亮与队员们在卓奥友峰 C2 营地，海拔 7250 米（2015 年 12 月 24 日）

话虽如此，在登峰前的三年里，郁亮实是稳扎稳打，将一个遥远的大目标分解成了数个可实现的小目标。先是在不到半年的时间里减重三十多斤，在体检指标都回复正常的情况下，再通过各项体能训练大幅提升自己的体力。身体准备好了，他便开始在不同的山峰上试练。一开始是 4000 米，再一路往上，到 5000 米级的四姑娘山大峰、6000 米级的启孜峰、7000 米级的慕士塔格峰……一步一步……2013 年，郁亮正式开始挑战 8848 米的珠峰。

登珠峰需要直面的就是生死问题。八千米的高空，悬凌陡峭的山壁，身处云山雾海中，稍不慎就有可能跌落。尽管如今登珠峰的路线已经很成熟，装备也变得先进，但死亡率却依然有 2% 到

3%。按照惯例，每一个登山者在出发前都要与向导公司签署登山协议，其中包含一条"放弃条件"，大致的内容是，登山者如果在 8000 米以上遇难，将放弃将遗体运回。因为环境险恶，救援条件不足，向导公司所能做出的最好处理，就是将尸体挂在路绳上，避免被风吹走。

郁亮了解这些风险，但并不感到忧惧。他仔细研究遇难者的经历，为的是在出发前做好一切可能的准备工作。持续训练，确保体力足够；配备多名向导，加强后勤保障；仔细为包裹贴标，以防缺氧头昏不能识物；带上床单枕套，为了在帐篷中得到更好的休息；多带了一双手套，避免手指冻伤……唯一没有准备的，就是立遗嘱。"为什么要写遗嘱呢？我准备得太充分了，什么地方有风险，我就在这个关键点多练。"

2013 年 5 月 17 日，经过层层计划、步步操练，郁亮和队友历时 8 小时成功登顶珠峰。不是双脚，而是郁亮的单膝最先触到了珠峰的峰顶——他单膝跪地，双手托着一条洁白的哈达，高举过头顶。说的第一句话是："向珠峰女神致敬，祝愿每一个人，平安、健康。"

登顶那一刻的感受，郁亮到今天还记忆犹新。"那个时候你会觉得好像身体产生了一种化学反应，一股暖流涌上来。我觉得那就是一种心底的愿望被实现了的感觉。"

郁亮在珠峰留下的不止是足迹而已。登山途中，我们一共遇到了 16 具尸体，其中有一具就在我们经过的前一小时前遇难……他身上的登山服颜色依然鲜亮，身躯却倒在皑皑白雪中。面对此等情景，队员们都不免唏嘘。下山之后，大家都有意识地避免谈及这些回忆。郁亮则不然，他步履不停，直接找到当时负责登山向导工作的西藏登山学校的尼玛校长，希望由他个人、西藏登协以及个别山友出资，成立一个高山救援基金。一是想给遇难者的遗体找个安身之处，二是为未来的救援提供可能的资金支持。

为了纪念那些长眠于珠峰的登山勇士，郁亮又与曹峻商量，用"以山为家"为名做一个雕塑，立在珠峰大本营。雕塑邀请了

↗ 2020年5月，郁亮回到珠峰大本营的"以山为家"雕塑前，单膝跪地，为遇难的登山英雄们献上哈达。他的身后，云层缠绕着珠穆朗玛（2020年5月7日）

著名的雕塑大师朱炳仁先生设计制作，三面分别刻上中文、英文和藏文，以示敬意。为了保证完好，一路长途从杭州运送到拉萨，到大本营现场再拼装焊接。安装完成的那一刻，工作人员在雕塑的下方升起了一团篝火。天公作美，大本营竟然没有什么风。火苗暖暖的，火光透过镂空的"以山为家"四个字，闪烁着生命的力量。

2015年末，郁亮迎来了他的50岁生日。当初立下的三个很是艰巨的目标，已然被他有头有尾地逐一实现。他不无感慨地总结说："半百人生，从今开始。"

个人如此，企业亦如此

攀登珠峰的成功，对郁亮而言，既是对人无限潜能的确认，也是对万科精神的坚守。"王石主席创立万科时，埋下的种子就是'不甘平庸，勇于挑战'。"这颗种子生发在郁亮的心底，也映现在万科的发展中。

2004 年，郁亮就开始用斐波那契数列计算计划十年内业绩突破千亿的目标，而当时万科的收入只有 91 亿。面对这个巨大到近乎"浮夸"的挑战，郁亮看起来举重若轻，"日复一日地做事情时，没有大目标或者对大目标产生怀疑是不行的"。结果是，在 2010 年，万科提前了四年达到了千亿的销售额。

似乎无论目标多么遥远，郁亮都能步调沉稳地一一到达。就像他每一次跑步一样，呼吸均匀，步伐稳健。

2017 年 6 月 30 日，郁亮正式从王石手中接棒，开启万科的郁亮时代。金融红利的阶段过去了，但万科的发展定位一直未曾改变，"万科就是要做实体经济的生力军，要关注长期市场化价值，而不是市值"。秉持着这样的信念，郁亮走向了"收敛"和"聚

← 郁亮在布达拉宫前晨跑（2020 年 5 月 2 日）

↗ 郁亮在 5038 米的四姑娘山大峰顶峰（2019 年 5 月 11 日）

焦"，站在一个新的起点上，他要"把路给走出来，找出来，闯出来"。

前进的路上，不可抛弃且必须传递下去的，当然是万科的精神底色。如同其他核心的企业命题最终都会归结到人身上一样，郁亮认为企业的发展是一件始于人、成于人、归于人的事。

为了团结起同心同德的同行人，郁亮以珠峰班为名，组建起万科集团的后备干部集训班，集体攀登5038米的四姑娘山大峰。尽管那被称为"入门级"雪山，攀登的难度却并不低。山上四千米的地方就已经披雪带霜，通往大本营的道路更是泥泞不堪。这对每个成员来说都是一次艰难的行动。而郁亮的想法是："我希望大家都能走出去，去挑战觉得不可能的东西……如果我们的管理者都可以做到这样，那么公司也就能够有更大的发展，这就是我的目的。"为了鼓舞队员，他决定站在顶峰上，亲自为每一个登顶的成员颁发毕业证书。在山峰的寒风下，他一站就是一个半小时。

此后，颁发毕业证书成了一个固定仪式。2021年，珠峰班又

组织攀登西藏洛堆峰。为了完成仪式，郁亮夜里出发，历经三个半小时，在清晨六点半再次提前登顶。6010米的山顶，东方刚刚泛起了鱼肚白，太阳从天际的尽头一跃而起，朝光洒向连绵的山脉，勾勒出层峦叠嶂的重影。风光无限，高海拔的寒冷亦是严酷。郁亮从包里拿出一件厚羽绒服套上，从顶峰处又往回走了一段，为的是站到垭口处等待后续上来的学员。将近半小时后，第一队队员终于登顶了。郁亮搀扶起体力不支的队员，陪伴他们从垭口一起走向顶峰。68个人，一队接着一队到来。顶着零下二十多度的气温，吹着凛冽的山风，郁亮足足等待了三个多小时。

顶峰处立了一根木质的纪念碑，上面写着"洛堆峰6010"，五彩的经幡缠绕两旁。站在碑前，郁亮给每一个队员颁发了毕业证书。这个动作他重复了68次——这就是此次前来登山的全部人数。68名万科高管在几乎没有经验的情况下，最终，全员登顶。事后有学员说，当时觉得自己快不行了的时候，脑子里就一心想着，队伍的领头人还在山顶等待。于是才又振作起精神，互相打气，咬牙坚持了下来。

"以前总是觉得雪山难，不敢尝试，不想尝试，这次以后，雪山就不是一个难题了。"从部分登顶到全员登顶，郁亮期望的是员工能不甘平庸，不断突破自己。每一个人能如此，企业便也能如此。发完证书以后，郁亮开始下山。上山总共用了三个半小时，下山只花了29分钟。穿着雪靴和冰爪，踏着雪坡和冰面，他几乎是一路小跑下来的。相比大队一个半小时的平均时间，他快了整整一小时。到了山底，他似乎还意犹未尽，凡尔赛了一下，"哎，腿上还有劲没用完"。

去精英化的合伙人机制

2014年，郁亮创立了事业合伙人机制。他和其他2500名万科员工都增持并购买了公司股票，就此将自己的职业经理人的身

↑ 郁亮在6010米的洛堆峰顶峰（2021年5月28日）

→ 郁亮在青海湖的渡轮上（2020年11月3日）

份转变为事业合伙人。

　　这个机制重在解决惰性，激发个人潜能。其主张可以用四个"共"来概括：共识、共创、共担、共享。郁亮尤其强调第一个"共识"，因为他需要参与的人真正认同"自组织"的必要性，认同"平台上的每一个人都是英雄"，发挥出自己的独特力量。

　　2015年中国十大经济年度人物的领奖台上，郁亮以关于"时代的企业"的思考，呼应了机制的改革。"30年前改革开放，中国多的是人，缺的是资本……今天的中国已经是中等收入国家，是知识比资本更重要的时代了……从微软到谷歌，从阿里巴巴到华为，也都是因为知识而不是资本赢得大家尊敬的……这是知识为王的时代。万科希望在职业经理人的基础上，达成知识和资本的合伙，推动企业机制的改变，用十年时间奔向万亿大万科，为社会创造更多价值。"

　　在他看来，已经规模化的企业迈过了增长的平衡点以后，模式中用以维护自身系统运作的能量需要就会越来越大，最终产生熵增的效果——增长不再可能，企业开始走下坡路。

　　要回避这一点，创新至关重要。传统的家长式组织形式在很大程度上抑制了演变进化的可能，所以必须为创新营造一个适宜的空间。这当然是出于长期主义的考虑，为了企业在关键时刻坚持下来。"所谓潮水退了，看谁穿着泳裤就是这个意思。"

　　郁亮想通过建立新的组织机制，将万科打造成一个相对复杂的生态系统——整个公司变成一个复杂的网状结构，更扁平化和灵活，点与点之间都有连接，从而能够广泛利用人的力量来解决问题，保证企业的可持续经营。为了达到这一点，郁亮不惜牺牲一部分的整体效率。因为发展过程中衍生的那些边缘的、交叉的非主流事物，是孕育新创造的温床。

　　想要做网络连接和生态平台，目前万科是具备基础的。在组织基础上，有合伙人机制。在战略方向安排上，坚持住宅为主要业务的同时，将自身定位为城乡建设和生活服务商。郁亮相信"天下没有做完的生意"，积极探索着转型的多种可能。围绕城市新型物业需求的增长，围绕客户养老、消费、度假需求的多元化——每一个值得改进的地方，都是行业发展的巨大机会。

　　我问郁亮："目前万科发展面临的最大挑战是什么？"

　　"最大的挑战还是能不能找到同心同德的人同行。"他的回答直接、简洁，没有丝毫的犹豫。因为他总是对每一个个体所能发挥的力量很有信心，相信人与人之间的碰撞能产生不可思议的创新。这让他有意识地拒绝了精英的视角，以至于我和他讨论中国现代化进程的影片时，他谈到的都是"农民工的故事""漂泊于城市的人群"。这种看待事物的方式让他关于合伙人的部署显得尤为恳切。

　　2021年3月，万科召开了一次仰望星空的春季例会。记得万科上一次类似的集结是在七年前，那一场的主题是五个大字"事业合伙人"，这一次依旧是五个大字——"合伙赢未来"。会场的

背景画面中，一群志同道合的人携手并肩，眼前是一望无际的星辰大海。在郁亮的倡议下，会场全体合伙人共同起立，许下自己的奋斗承诺："我相信劳动创造价值，相信创造能让世界更美好，相信让世界更好是值得毕业追求的事业。我相信奋斗的人生能成就更好的自己；相信平凡的人一起，能成就不平凡的未来。"这段理想主义的宣言被视为万科人的价值认同，记载在一块块软木砖上，每一位参会者郑重地在砖上签上自己名字，再将它一一垒在讲台上，拼成"事业合伙人"五个大字。

会议之后还有一次团建活动。在大梅沙万科中心的汉白玉广场上，合伙人们席地而坐。大家被分为 20 个小组，每一组人都收到一个名为"制作万科星球"的手工任务，主题是：2049 年，你理想中的万科是什么样的？虽然是万科董事局主席，但是郁亮被

↖ 郁亮在梧桐山跑山训练后拉伸
（2021 年 8 月 26 日）

分配到的那个小组中既没有设计师也没有建筑师。他们只好利用会务组提供的材料，尽可能地表达自己的愿景。在那个星球上，他们搭建了一个纵向突出的模型空间，使它在视觉上尽可能显得高，体积足够得大。

为什么要谈论 2049 年的万科？因为那一年将是中华人民共和国成立 100 周年，同时，那一年距离现在有将近三十年之久。郁亮希望大家可以去谈论一个跨越他的任期之外的万科。"我不知道三十年之后万科会是怎样的，因为三十年间会有巨变。"他现在想做也要做到的，就是确保有一支传承了万科基因的团队，"保持共识，意志坚定地面向未来一直往前进"。说这话的时候，他刚结束了梧桐山跑山晨练，在山下的小广场做拉伸，跨着一个弓步，双手合十向上伸展，目光平静地向前。

郁亮的普鲁斯特问卷

你认为最完美的快乐是怎样的?
最完美的快乐是能吃能睡能跑步,还能四处去看世界。

你最希望拥有哪种才华?
希望自己有文艺细胞,像导演,因为掌握一项技能很重要。

你最恐惧的是什么?
没有健康的身体。

你目前的心境怎样?
平常心。因为看多了各种各样的问题,能理解很多东西。面对很多事情可以不慌不忙、平常心。

还在世的人中你最钦佩的是谁?
任正非。我觉得他在这么大压力面前,还能够没说错话、没做错事,好难得。在困难面前还能够站起来,好不容易。

你认为自己最伟大的成就是什么?
没有,我觉得我没有什么伟大成就。

你自己的哪个特点让你觉得最痛恨?
我挺喜欢自己的,没什么特别痛恨的东西。

你最喜欢的旅行是哪一次?
最喜欢沿着318跟218国道开车去旅行,中间在罗布泊扎营住宿的那种感觉。我觉得参与罗布泊楼兰遗址扎营住宿的感觉特别棒。

你最痛恨别人的什么特点?
弄虚作假、投机取巧、不诚实。

你最珍惜的财产是什么?
健康。

你觉得最奢侈的是什么?
我想不出来我最奢侈的东西是什么,我没有什么可奢侈的。

你认为程度最浅的痛苦是什么?
打针。

你认为哪种美德是被过高地评估的?
毅力。

你最喜欢的职业是什么?
园丁。
园丁的工作有很多变化。每天的工作跟变化结合在一起,让人始终处在看到有变化的状态,有新鲜的感觉。而且园丁的工作,你努力就很容易看到成果,这一点是很难得的。很多时候你做的工作跟成果之间差得太远,要么很多年看不到,要么做错了要很长时间才能看出来。做园丁的话,过了一个季,就知道了你错了,下次可以改,变化也没有天天变,一年四季的变化能够很明显,但是瞬息的变化不一定很清晰,但是这个时长正合适。

你对自己的外表哪一点不满意?
长得不够高。

你最后悔的事情是什么?
在孩子小的时候,没有多花时间跟他们在一起。

还在世的人中你最鄙视的是谁?
毫无人性是我最看不起的,不像个人。虐待动物等等都毫无人性,我觉得这样的人我很痛恨。

你最喜欢男性身上的什么品质?
有担当。

你使用过最多的单词或者词语是什么?
OK。

你最喜欢女性身上的什么品质?
善良。

你最伤痛的事是什么?
失去至亲。

你最看重朋友的什么特点?
忠诚。

你这一生中最爱的人或东西是什么?
家人。

你希望以什么样的方式死去?
无疾而终。

何时何地让你感到最快乐?
快乐之间不能比较,没有办法选出最快乐。

如果你可以改变你的家庭一件事,那会是什么?
花更多时间跟孩子在一起。

如果你能选择的话,你希望让什么重现?
重新做回大学生。

你的座右铭是什么?
做个刚毅、正直、笃实、平易近人的人。

尹烨

华大集团 CEO。哥本哈根大学博士，基因组学研究员。

带头捐款发起成立华基金、光基金、狂犬病科研基金等公益基金。

积极参与基因科普工作，创办音频节目《天方烨谈》、公众号及视频号《尹哥聊基因》。

让基因技术
造福人类

↑ 尹烨与父亲对谈（2021年9月7日）
→ 尹烨在深圳盐田体育馆录制介绍火眼实
验室的视频（2021年9月4日）

新的科技行业要破局，必须做科普教育

"地球上万事万物之间都有关联，人跟一棵草的基因相似度是17%；跟一只苍蝇的基因相似度有39%，鱼的相似度63%，老鼠的相似度80%，猴子93%，猩猩超过96%。而我跟你之间的基因差别就只有千分之五。"

华大集团CEO尹烨，给自己的另一个身份是科普工作者。"把科学家的研究讲得让老百姓能听得懂，把老百姓想听懂的变成问题去问科学家，这就是科普工作者的任务。"

2016年3月20日，他创办的《天方烨谈》播出了第一期科普节目《无创产前检测：为万千宝宝的健康诞生保驾护航》，希望通过电波传递出基因领域的专业声音。

2021年9月和他聊天这会儿，已经做了1700多期了。节目采用了对谈的形式，尹烨觉得这是比较适合他的，能够激发自己和他人的储备，擦出新的火花。

尹烨的一个与谈人是他的父亲老尹。父亲会带着普通百姓的思维与他过招。"老尹一讲女娲我就晕了。"他说你看女娲、伏羲他们俩都是蛇身人面，两个一交尾就变成双螺旋，DNA双螺旋就是这样。"他一讲我就笑，我说爸那和女娲没关系。这只是老人的联想。"

在他看来，自己的成长受惠于父母对他的夸奖，"爸妈只批评过我两次"。他还算过一笔账，知道人这一生真正与父母相处的时间其实不过数年。

所以与父亲一起做直播，互相"抬杠"，寄托着大尹对老尹的拳拳爱心。"男人更需要关怀"，2021年父亲节的时候，他和

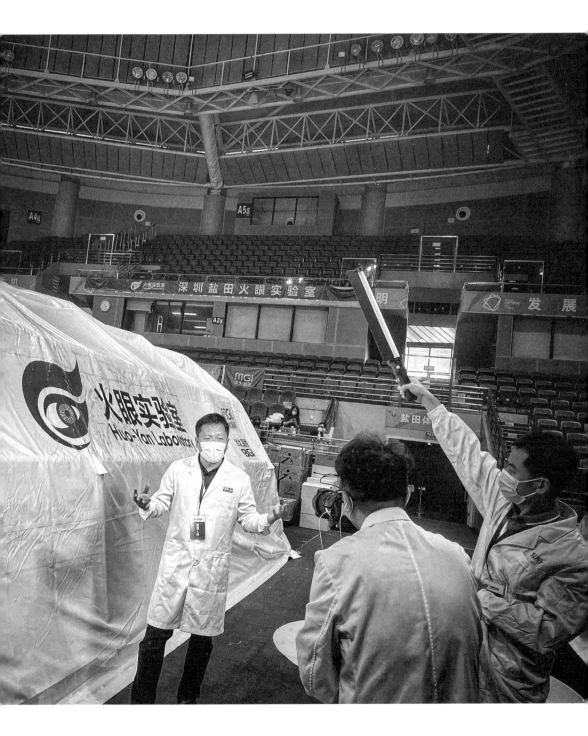

81岁的父亲一起录了儿时听过的相声《蛤蟆鼓》来庆祝。

　　父亲的观念代表着大众误解的一个缩影。通过妈妈的日记，尹烨才知道那时候母亲因为他的头太大，难于生产，最终选择了剖腹产。这件事在他父亲眼里，变成了是剖腹产让他更聪明。"因为头部没有受到挤压嘛！"

　　所以，面对做节目受到的质疑，尹烨的回答非常干脆："生命科学本质上是作用于人类本身的科学。如何让大家有正确的认知，关心生命科学，关注生物技术产业，具备甄别谣言和真相的能力，我觉得这应该是一个行业的头部企业必须要做的事。"

　　节目的内容基本上来源于日常的工作。"我们每天本来也要看大量的论文。我的任务就是把这些复杂的科学问题讲得大多数人都可以听得懂。"尹烨的日常阅读量非常大，除了企业资料和相关论文以外，他每年还要阅读大约200本书。

　　这两年因为疫情，人们对华大和尹烨的关注度上升。尹烨最热门的节目播放已过亿次，日常的播放量也稳定在上万的水平。除了了解新冠肺炎的相关情况，大众还透过节目学习日常生活中的健康知识，收听尹烨团队对科技时事的观察和评论。"这个事情我们把它办起来了。"

　　让大众了解科学知识，在科技创新层面也具有重要意义。在尹烨看来，中国的创新有三个阶段。第一个阶段从商朝开始，开创了通商的局面，商人们在物物交换和物币交换上不断创新，推动着社会进步。第二个阶段是文化创新，这在历朝历代都有不少的尝试。第三个阶段就是科技创新。中国现在就站在科技创新的临界点上。面对如此百年未有之大变局，华大希望通过科技探索一些前人未曾涉足的领域。

　　尹烨相信，一个新的科技行业想要破局，就必须做科普教育。"如果不成体系地去纠正偏见普及科学，这个行业是出不来的。"因为"科技创新是繁荣之本，更是自由之子"，它不是依靠设计指导就能推进的，而需要每个人的聪明才智，"自下而上地去生发"。

→ 时任华大基因CEO的尹烨，带领团队完成中国基因行业第一股的上市（2017年7月15日）

学往圣创绝学——做科技创新的探索者

华大创始人汪建老师提出的"时空生物组学"技术，是一个少有的、由中国人掌握的、原创性的先进科技。它可以对海量的单个细胞进行高分辨原位测序。由此可以解密每个基因在生命生长中的变化过程，同时精准定位空间位置。

这个精细而复杂的技术如果得以落地，那将是一个前无古人，后未必有来者的历史性突破，注定被载入史册。尹烨对这一点十分笃定。因为科技给出了证实、证伪的过程，存留于史的都是不会被轻易颠覆的成果。

"祖冲之说圆周率是 3.14159，欧洲人也必须这么说。$E=mc^2$，在美国对，在中国也对，没有其他的选择。"

尹烨同时也意识到"时空生物组学"的前沿性，"我不觉得它会是一个在短期内被很多人认知和认可的科学进程，包括在华大内部很多人可能也并没有领悟到它会有多么重要的历史性意义"。但这是科学进步的普遍现象，"有时候一些影响人类进程的科学发现，就算是科学家本人，往往也会感到出乎意料"。

所以尹烨并不在意来自外界的质疑，始终如一地秉持着对这份开创性事业的深重信念。这份决心或许与他在 1998 年毅然选择生物工程专业是如出一辙的。

2017 年华大基因上市敲钟的时候，他朗诵了一首自创的词以表心志：

沧海本无际，伟业当自留。阵前横刀跃马，历数四海五洲。问大好男儿，君欲复何求？

凭高一呼啸，天地两悠悠。拼却平生肝胆，换就基因千秋。豪气山河贯，迈步越从头。

2018 年华大首批同行者宣誓仪式上，他站在封顶不久的深圳大梅沙华大基因中心 9 楼，面朝大海，自信地回望了过往的历程：

← 尹烨在深圳大梅沙华大基因中心举行华大同行者宣誓仪式（2018 年 2 月 13 日）

↓ 尹烨在火眼实验室里介绍华大自主研发的新型测序仪（2021 年 9 月 6 日）

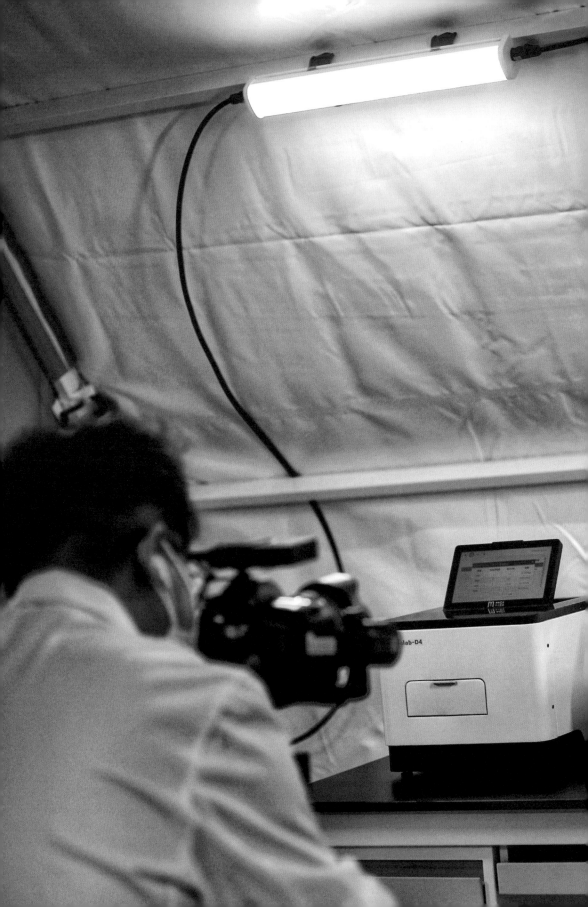

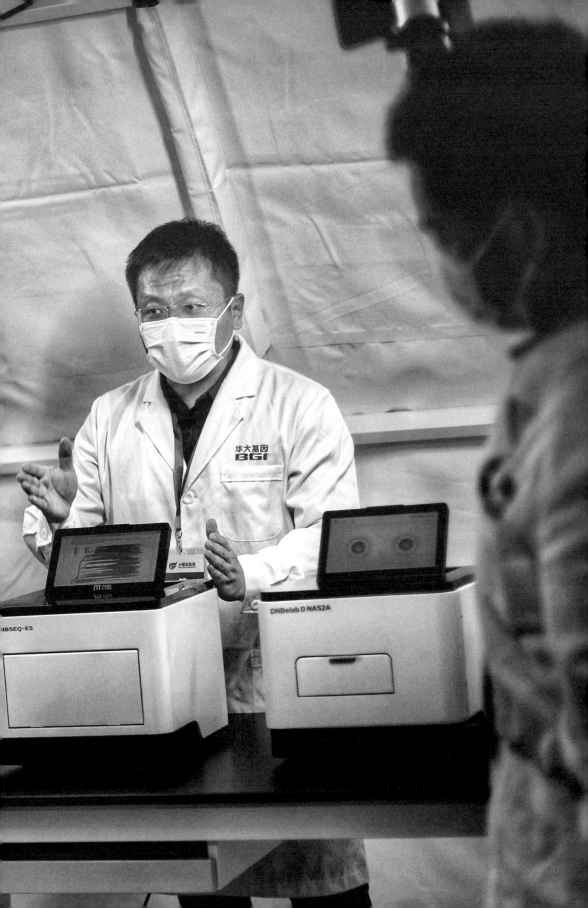

"我们曾被质疑：你们凭什么代表中国参加人类基因组项目？但是我们对国家负责，不光代表，而且圆满完成了跟跑、并跑和领跑。

我们曾被质疑：民营机构做研究能做成什么样子？但我们就是发了超过 300 篇 CNS（全球顶级期刊 *Cell*、*Nature* 和 *Science* 的首字母缩写），以自身的造血能力，引领了中国的基因科技。

我们曾被质疑：你们跨国收购 CG 做得成？但我们就是做成了并且消化吸收再创新，真正完成了中国造的世界水平的测序仪。

我们曾被质疑：上市如此复杂，你们一定做不成！但我们就是做成了中国基因第一股：敲响的不仅仅是资本市场的宝钟，更是基因导致的重大疾病的丧钟！

一次又一次，外界所看到的不可能都已成为可能。回首过往，我们始终与高者为伍，与德者同行，将造福覆盖全球，让科学贯穿始终。我们坚信基因科技造福人类，我们坚信所有的质疑终将变成赞美。"

手持话筒，他的声音干脆利落，掷地有声。

北宋的张载曾经说过一句话：为天地立心，为生民立命，为往圣继绝学，为万世开太平。尹烨对此心有戚戚。但在这个革新的时代，如何批判地继承传统，是他思考最多的问题。"可以对'为往圣继绝学'做一点修正，改两个字变成'学往圣创绝学'"，或许更适合当下的中国。

布局基因检测技术的进步与普及

华大基因如今是世界领先的基因检测上市公司。创始人汪建曾说："我是工业文明时代的唱衰者，这一时期最辉煌也最短命。生物科学、智能机器人等技术的快速发展，将很快取代工业文明。"

在尹烨眼中，汪建、杨焕明不是创立了一家公司，而是创造了一个行业。他形容自己是站在巨人肩膀上开疆拓土。

尹烨始终坚定地跟随和支持着汪建，在他看来原因或许在于"我一直在坚持做自己，但是我认可汪老师的很多理念，应该说我们有一些深层的共鸣"。

这些共鸣，既有对汪建所确立的"大目标驱动"的坚持，还有对华大"技术普惠众人"的底层价值观的认同。

2003年，在高效完成SARS病毒全基因组测序和获得检测蛋白之后，尹烨率领团队在24小时内完成了SARS诊断试剂盒研发及申报材料的准备——这在平时是半年的工作量。一天一夜的时间，他看到自己的头发掉在电脑键盘上，积了厚厚的一层。"人一辈子实际上就活几个瞬间"，尹烨意识到他必须为此付出卓绝的努力。

获得国药局审批后，华大又在两周内生产完成了30万人份试剂盒。卖还是不卖，华大开了一夜的会讨论。最后，汪建拍板说捐了！于是全部试剂盒无偿提供给了国家防治"非典"指挥部。尹烨回忆起来至今感到荣耀："在大是大非面前，华大人没有后退，而是勇敢地冲了上去。"

可见，"基因科技造福人类"，是尹烨及华大人的践行目标和永恒使命。尹烨现在力图在做的，正是通过科普让生命科学流行起来，通过"基因测序"的核心能力让基因检测惠及千家万户。

基因检测真正能诊断的事情总结来说就是：与生俱来的出生缺陷、与时俱变的肿瘤、外来侵入的感染。在这个意义上，华大基因是全球仅有的一家可以同时提供出生缺陷防控、肿瘤防控、传染感染防控加科技服务与合成的综合性企业。

"历来用于科学发现的工具，最好用的都是自己造的。"以往中国不具备在生物工程领域里制造先进观测工具的能力，现在华大可以依凭自主知识产权制造世界范围内领先的科学工具，看见肿瘤、神经系统等基因层面的影像。

华大基因的下一个业务爆发点将是早癌筛查，聚焦于做预防。现在主要集中在结肠癌、宫颈癌，将来会扩展到肝癌等。随着技术和设备的进步，单癌早筛还可以变成泛癌早筛，再往后则有多方

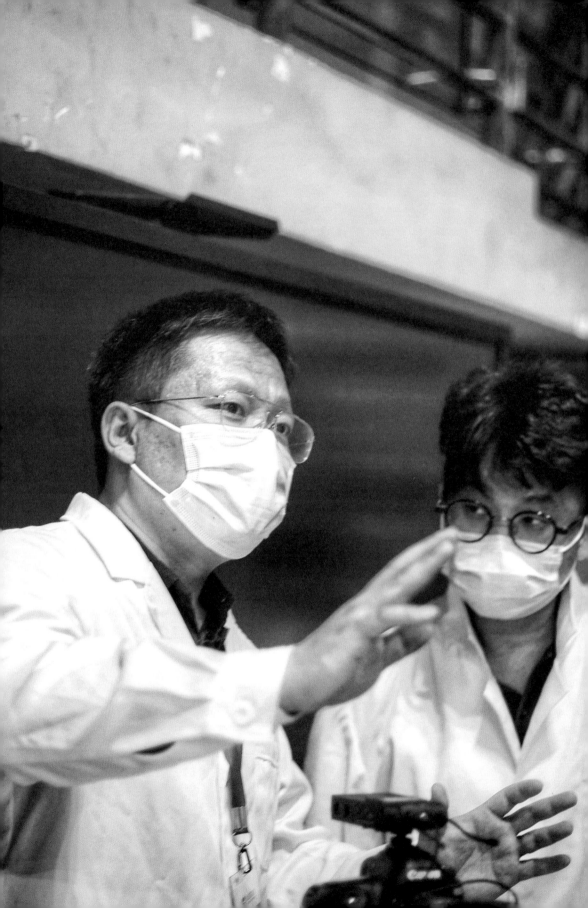

← 尹烨在深圳盐田体育馆火眼实验室与同
事沟通工作（2021 年 9 月 12 日）

法联用。比如肺癌不一定用测序的方法，可以用低剂量 CT；乳腺癌用钼靶或者超声就可以。

尹烨希望以后大众做早筛检测就像做生化检测抽血化验一样寻常。"癌症从来没有突然发生的，只有突然发现的。早癌筛查的重要性在于，为那些已经达到早癌确诊标准，但自己还不知道危险的人，提供了一个精准的预警信号。"

对于癌症的应对方式，尹烨打比方说："癌症治疗和早癌筛查就像是两个电工，一个电工成天在换灯泡，另一个电工每天只做检修，把快坏的灯泡维护好。最后到年底评先进的时候，一定是那个换灯泡的获奖，因为他看上去好像一直在干活。但这是一个典型的错误。实际上是那个没换灯泡的人做出了最大的贡献。"

所谓上医治未病，中医治将病，下医治已病。癌症早筛查，就是上医之选。针对癌症治疗，"不管什么技术都不如在一期（最早期）就发现肿瘤，进行原位癌干预。这是人们处理自身肿瘤的一个最合理态度"。

当前华大正处在最为关键的第一步，不仅要控制成本普及早筛，比如华大联手华西医科大学在五年内完成 10 万人罕见病重测序，单价仅 1348 元 / 人，更要思考如何对不同的癌种进行更深层的研究。"只要能够积累足够的基础数据，那么在未来科技进一步发展的时候，我们就有充分的样本数据可以对比，从而精确地了解疾病的原因，找到攻克关键疾病的方法。"尹烨说。

谦卑与敬畏作为生存哲学

在新冠肺炎疫情的背景下，尹烨对病毒的相关知识作了很多

介绍。他风趣地概括了三类病毒。最笨的病毒是"智障病毒"，感染率低，致死性高。比如狂犬病毒，致死率接近 100%。但因为感染率很低，所以人类集体想办法把它灭了，它们几乎没有跟人类共生的机会。

　　稍强一点的是"笨蛋病毒"，感染率高，致死率也高。它虽然可以传播得很快，却因为太早出现反叛之心，也总会被人类很早地按下去。典型的例子就是 2003 年的 SARS——今天新冠病毒的上一代。

　　第三种称为"聪明病毒"，其特征是高感染、低致死。只有

↑　尹烨在深圳盐田体育馆看着刚刚撑起气膜的火眼实验室（2021 年 9 月 11 日）

这类病毒会和人类共生，最典型的代表就是流感病毒，几乎每个人都被感染过。"可以说流感病毒已经和人类达成了一致意见：有你就有我，咱们一起走。"

如今的新冠病毒不好对付，因为它和流感病毒一样，是一种单链 RNA 病毒——只有 DNA 麻花双链的一半。可以把它想象成一个单身汉，择偶余地很大，所以它非常容易发生变异。今天的流感之所以 H1N1、H5N1 地变来变去，就是因为 RNA 病毒的变异性很强。

再者，普通流感病毒只有 14000 个碱基，新冠病毒却有 30000 个碱基。碱基数越多，意味着可能产生的异变就更多。所以新冠病毒算得上是单链 RNA 病毒之王。2021 年以来，它已经在多个国家发生了变异，从原始株到 Alpha、Beta、Gamma、Delta、Omicron 变异毒株，速度非常快，相当于从 1G 到 4G。

就目前的情况而言，尽管新冠病毒的传播速度更强，但是重症率或致死率都会有所减弱。

关于大众关心的疫苗，尹烨解释说，疫苗"就是带着人体的免疫系统进行军事演习，通过军事演习来训练人类的免疫系统，使之产生保护力，但又不至于生病"。

透过历史上病毒的肆虐，尹烨看到的是微生物的地位。因为所有病毒的生存必须依赖于活细胞，而活细胞离不开微生物。"它们来到地球上 34 亿年了，多细胞生物包括人类的诞生甚至都是它们默许的结果。"

从这个角度来看，人类并不是万物的灵长，微生物才是以星球化方式运作的地球之王。"所以实际上，我们需要更多的谦卑和敬畏，这样的态度是我们在这个蓝色星球上可以长久生存的、唯一正确的哲学之道。"

生命与为人

——

尹烨

什么是生命？我认为生命是可以感知到无机和有机之间界限的一个类群。生命天然有亲生命性，看见活的东西就会高兴，因为它活着就意味着你可能活。当然人也有亲自然性，但是我们喜欢的自然更多是生机盎然的自然。而人类生命在植物和动物的感知之外多了一些观感。如果用六识去讲，就是人在眼耳鼻舌身之外又多了意，所以才会有色声香味触法。意和法，在我看来就是人自视高于其他生命的原因。但研究发现这些功能实际上也散布在不同的植物当中，只是目前证据还有限。从这个意义上来讲，当研究的物种越多，你就会发现人不过是五千种哺乳动物中的一种，并没有那么高深。另外从时间尺度而言，相较 46 亿年的地球史和 34 亿年的生命史，

人类历史不过 1 万年。足见人并非万物的灵长。相反地，人非常微渺，仅仅是循着自然规律，在这一个时期占据了"当家作主"的地位。所以人需要端正心态，明白自己实际是处在演化过程中的一个物种。达尔文讲"更适者生存"，而不是"最适者生存"，因为根本不存在所谓的最适者。你变我变天变道义变，人只有拼命地去适应这个环境，才能最终和环境组成一个共同体，更好地与天、与地、与万物和平和谐地相处。

有了对人类地位的基本认识，我们就能更平和地从科学角度看待个体的生命。人是由受精卵发育而来的二倍体，每一个体细胞内都有分别来自父母的两套染色体。我们讲的基因组通常说的是其中的一半，

即单倍体。基因组是生命的源代码，是细胞内所有的遗传信息的总和，是指导物种生长、发育和繁衍的基本程序。30多亿年前，生命的第一个完整基因组诞生，它具有了复制、变异和遗传的特性，从诞生之日起便在这个星球上以不可阻挡的力量扩散和传承，形成了今天众多已知和未知的丰富多彩的生命形式。就人而言，我们可以把一个人的基因组想象成一副有30亿张牌的扑克，分成了23摞，每一摞就是一条染色体。人类基因的数量大约是22000个（准确的数值到今天依然存在争议），但是只占到了全部序列的1.5%，把其他功能清楚的都算在一起也不过3%。这就意味着，我们基因组当中至少还有97%是"暗物质"。越来越多的证据表明这些之前认定的"垃圾序列"是有用的，我们对此还没有研究得很明白。

已有的基因知识已经可以解答很多问题。比如如果一个人携带着 BRCA 基因的有害病变且有家族史，那就意味着她在60岁的时候有将近87%的概率会罹患乳腺癌。如果乙醇／乙醛脱氢酶基因有着强烈的表达，那么这个人大概率就会千杯不醉。而如果携带着"高海拔版本"的 EPAS1 基因，那血液中的血红蛋白浓度就不会过度升高，不易产生高原反应。

基因技术也已经可以实际落地应用，解决人类健康问题。比如通过早期筛查和诊疗，可以预防在西藏、新疆和青海等省区的牧区或半农半牧区多发的包虫病。包虫病是由棘球绦虫的幼虫寄生引起的人畜共患寄生虫病，潜伏期较长，发现时往往已到晚期，严重危害患者身体健康和生命安全。目前，中国仍是包虫病流行程度最为严重的国家之一。为了做好包虫病的早期筛查和诊疗工作，2017年8月，我和同事们一起将用于包虫病筛查的100台"-86℃超低温专业冷冻冰箱"送上了高原。我们抱着强烈的使命感横跨了4000余千米，攀上了海拔5000米之处。相信如果能把藏区的包虫病控制住，那就有可能将全国的包虫病控制住，从而能够协助"一带一路"沿线以及周边的国家。

还有新兴的无创产前基因检测，能够帮助筛查唐氏综合征，减少缺陷患儿的出生数量。这种检测方法较之传统的唐氏血清学筛查更安全，准确度也相对更高。通过采集约5毫升的孕妇外周血，从中提取出胎儿的游离 DNA，再利用新一代高通量测序技术进行检测，结合生物信息技术分析，就可以判断胎儿发生常见染色体异常的风险。[1] 在中国，政府高度重视民生健康，致力于在出生缺陷防控方面建设完善的社会保障体系。以华大基因为代表的多家机构积极响应政府号召，希望通过全球领先

---

1 无创产前基因检测技术虽然准确度高，但毕竟只是筛查，其结果提示的风险高低，不能作为诊断结果（高风险结果的确诊需要依靠羊水穿刺等介入性诊断技术）。同时，其临床应用也存在一定的局限性，因此需要严格遵循国家卫生健康委员会2016年制定的《孕妇外周血胎儿游离 DNA 产前筛查与诊断技术规范》，在检测前充分告知受检者此技术的适用范围、适用人群、技术局限等信息。

的基因检测技术，以人人可及的民生价格，为我国孕妇提供优质、实惠、精准的检测服务。这一举措受到各地政府的大力支持。目前，无创产前基因检测已逐渐被深圳、阜阳、长沙等许多城市纳入生育保险覆盖范围，检测价格也在不断降低。随着技术的不断进步和公众防控意识的加强，唐氏综合征将有望成为我国最早攻克的出生缺陷之一。

但是基因并不是万能的。基因不会决定你睡觉流不流口水，也不存在所谓的天赋基因可以证明孩子的天才，更不存在决定性的天然犯罪基因。我们要记住，基因反映的只是人性的一部分，或者仅仅是一种可能性。我们面对的是一个高维和复杂的世界，需要思考的不仅有基因的因素，还有后天环境的影响。很大程度上，基因不过是给人一副牌，能把它打成什么样，还要看我们自己。

基于对生命知识的了解，我们应该具有的态度是，清醒地具备一种觉知性——既明了自己作为一个物种的有限性，又相信自己作为人类的可能性。所以我们应该学习，应该运动，应该用更好的一些东西去武装自己。坚持几十年如一日地读书健身并日益精进，你会发现做与不做的结果是天渊之别。由此你能够更好地理解"知也无涯"的意义，更好地管理自己的人性，更好地抵抗人生的混乱无序。

康德在两百多年前写道："有二事焉，恒然于心；敬之畏之，日省日甚：外乎者如璀璨星穹，内在者犹道德律令。"其实天上的星空和我们都是由原子构成的，我们心中的道德又在其中赋予了我们人性。这就是人之肉体和精神的关系。在正常的生命进程下，我们终有一天会尘归尘、土归土，重新回到土壤，与菌群相伴。但是作为存在着的具有社会属性的人，我们是由受精卵的血脉、肠道菌群体的菌脉，以及我今天讲的中国话——即大家都理解的文脉，三脉合一的结果。三脉合一才真正构成了人。血脉、菌脉、文脉都会随着时代而传递，生生不息。虽然我们逃不开热力学第二定律，但是我们的精神、文化将源远流长，在宇宙中亘古不变。如果把生命视作一组代码，我相信人类的代码中是有爱的。我们的每一次相聚，每一次交流，都是为了将人性的真谛、将这份爱永远地传递下去。

尹烨的普鲁斯特问卷

你认为最完美的快乐是怎样的？
心底光明，充满希望。

你最希望拥有哪种才华？
对众生的共情。

你最恐惧的是什么？
人类的自大。

你目前的心境怎样？
胸有激雷而面如平湖。

还在世的人中你最钦佩的是谁？
值得我钦佩的特质很多，但并非在一个人身上。

你认为自己最伟大的成就是什么？
远远谈不上。

你自己的哪个特点让你最觉得痛恨？
不善于拒绝。

你最喜欢的旅行是哪一次？
和家人的每一次。

你最痛恨别人的什么特点？
不遵守承诺。

你最珍惜的财产是什么？
时间。

你最奢侈的是什么？
心无旁骛地看书。

你认为程度最浅的痛苦是什么？
那一定是想不起来的痛苦，所以我忘了。

你认为哪种美德是被过高地评估的？
美德从未被高估，只是世人达不到。

你最喜欢的职业是什么？
我现在从事的职业。

你对自己的外表哪一点不满意？
那只是特点。

你最后悔的事情是什么？
至今还没有。

还在世的人中你最鄙视的是谁？
我不太会如此考虑问题。

你最喜欢男性身上的什么品质？
百折不挠。

你使用过的最多的单词或者词语是什么？
大概是"我"。

你最喜欢女性身上的什么品质？
做她自己。

你最伤痛的事是什么？
亲人离开却不在身边。

你最看重朋友的什么特点？
段位相当，臭味相投。

你这一生中最爱的人或东西是什么？
可以掌控的当下。

你希望以什么样的方式死去？
在我选择的忙碌中离开。

何时何地让你感觉到最快乐？
任何时候，只要我想。

如果你可以改变你的家庭一件事，那会是什么？
我不会想，我会征求意见然后大家一起做起来。

如果你能选择的话，你希望让什么重现？
我不在意重现，我在意让新的创新尽快问世。

你的座右铭是什么？
并没有。我认为仅仅一句话无法指导一个善于思考的、具体的人。

郭宝昌

导演、编剧、作家。

代表作：电视连续剧《大宅门》。

讲故事是老天爷
给我的使命

岁月沧桑

"拍《大宅门》那会儿就说我是老年，现在这都二十多年过去了。我还是老人家，我就没有年轻过。"

《了不起的游戏》和《都是大角色》的新书发布会现场，主持人赵保乐出于对郭宝昌的尊敬，一口一个"老人家"地喊着，于是，郭老师开说的时候，就有了上面那一段。虽然已经年过八十，但郭老师精神矍铄，思维敏捷，身手也敏捷。说到开心处，手舞足蹈，快乐得像个孩子，和现场的年轻读者们打成一片。

61岁拍《大宅门》，81岁出新书的郭宝昌，实际上5岁就能唱戏，8岁便能写得一手好文章。年龄的界限在他身上是模糊的，因为他一生经历了太多寻常人难比的动荡。

1940年8月，郭宝昌出生在北京一个贫困的工人之家。2岁的时候，父亲受了工伤，冻死街头。他被母亲以八十大洋卖给了河北沙城火车站站长吴家。之后他的三姨又借钱将他赎回，转手以两百大洋把他卖进北京郭家。到了12岁的时候，他随养母郭榕进了同仁堂乐家，成了大宅门内的少年，每月有40元的零花钱。

经过田风老师的推荐，19岁的郭宝昌进入了北京电影学院导演系，并开始创作《大宅门》的文学剧本。命运的转折又在这个时候倏忽而至，"出身不好"的郭宝昌被以莫须有的罪名发配到北京南口农场进行劳动改造。

每天凌晨四点开工，到晚上八点收工。130斤的水泥构件一个人装车，一搬就是一天，累得"走路都能睡着"。在那段艰难的日子里，郭宝昌几乎坚持不下去。"文革"开始以后，他又被遣往张家口4619部队干校和广西电影制片厂接受改造。

一直到1979年，凭着自己写的告状信和澄清材料，郭宝昌获得了平反的机会。此时距离进大学已有二十年，他终于收到了北京电影学院的毕业证书——自由了！——这才正式开始了他作为导演的事业生涯。

这种一般人难以承受的起伏，郭宝昌有时候会故作轻松地谈

← 郭宝昌在首都图书馆新书发布会现场（2021年7月10日）

↖ 郭宝昌在北京家中（2019年1月22日）

起："您要打听我的家世，十分简单。"但岁月的磨砺毕竟真切地留下了那么多印记，使他感到下笔的必要。"我从几十年前就想写自传了，现在都八十了，所以我挺着急的。"他想做的事还有很多：写小说、拍新戏、导演芭蕾舞剧版《大宅门》……"我心想不行，得赶紧弄了，再不写就没机会了。"

　　2003年的时候，郭宝昌就出版了《说点儿您不知道的》，书里记述了他一路以来的坎坎坷坷。他希望通过"说点大家想知道又不知道的事情"，来与读者更进一步地沟通。同时，于他自己而言，这也是对所经历的漫长历史的一次回顾。从抗日战争、解放战争、"文革"一直到改革开放……每一个时期他都有切身的感受。那些激动的、感恩的、切齿的、痛恨的、所有不能忘怀的事，他鼓足了勇气把它们都写下来。"我做过坏事，我也敢承认。"借由书写，郭宝昌获得的是一种踏实，"我透亮了，不像过去老蒙着一层雾"。

一生心血话宅门

在深圳和郭老师聚会，正逢郭老师的夫人柳格格农历生日。颇懂心意的餐厅准备了生日面，柳老师便按着习俗"挑寿"，筷子挑起的面，又高又长，郭老师也在一旁帮忙，大家都为这彩头高兴。

要说这"挑寿"，还是在跟随郭宝昌老师拍《大宅门》的时候学的。按照习俗，生日的时候，寿星都得吃碗面。这碗里的面，越长越好，寓意"长寿"；吃的时候要用筷子把面高高挑起，寓意"高寿"。于是就有挑寿这一说。

《大宅门》里挑寿的戏，是女主角香秀要给在监狱里的男主角七爷白景琦过生日。那天晚上，香秀提着装了寿面的箪，买通了狱卒，进大牢见七爷。

为了保持观众情绪的连贯性，这场戏用了一个长镜头，演员的表演因此要一气呵成，不容纰漏。香秀的扮演者江珊、七爷的扮演者陈宝国，为这场大戏，都备足了劲儿。在拍摄之前，江珊还要求片场静默三分钟，为她准备情绪。

三分钟后，随着现场轻轻的一句"开机"，镜头里见着香秀走进牢门，看到了被日军打得遍体鳞伤的七爷。镜头从两人的中近景缓缓地推至女主角江珊的面部特写，她话未出口，已然泪如泉涌。郭老师守着监视器，也随之入了戏，眼角满是泪痕。此时，香秀打开箪，要从里面拿出面碗……

↑ 柳格格与郭宝昌在深圳餐厅过生日，吃寿面（2020年2月12日）

　　过去快二十年了，但是江珊那一刻的表情，我到今天依然记忆犹新。沉浸在悲痛情绪中的她，表情还难以收拾，怔了片刻后才哭问道："面呢？"

　　原来，一时匆忙，道具师忘了给碗里加面⋯⋯

　　而我在片场，是主管服化道的副导演。只记得当时片场的空气好像凝固了一般，我头皮发麻，大气也不敢喘，只等着郭老师的雷霆万钧。

平日里郭老师说话就像打雷，在片场从来都不用导演筒（扩音器）。意外的是，这次郭老师只是重重地叹了一口气："唉！"

叹气声过后，宛如被定了格的片场才又动了起来，大家小声地来回互相提醒着，核对确认道具，把后面的戏走起来。

拍摄现场的这次插曲，我记到了现在。但它比起《大宅门》这部剧本身经过的波折，只能算是一个小小的波澜。

早慧的郭宝昌在16岁的时候，就开始构思记述他在大宅门耳闻目睹的故事。当时养父对他十分关照，常常叫他进屋一起聊天吃饭。许多家族往事就是在那个时候听到的。然而已经写到了三分之二的时候，小说被当作他"反动"的罪证而被查抄没收了。最后平反的时候也没有能找回来。所幸他不易其志，从头开始。但手稿在1980年又被前妻焚毁，心血再次付之一炬。

1994年年末，已经在影视圈闻名的郭宝昌下定决心，谢绝一切片约，再次提笔创作《大宅门》。好不容易剧本完稿，开机拍摄了，投资方又出了大问题。剧集停摆不说，郭宝昌更是一下子背上了三百万的债务——"那几乎是世界末日"。为了解决这个危机，几年间他辗转找了八十多家投资方。在日复一日的失望中，终于遇上了慧眼识剧的余胜利，在央视的支持下把《大宅门》的故事继续了下去。

2001年4月15日，《大宅门》在中央电视台首播，以17.74点的收视率夺得了当年的年度收视冠军。

"它是我生命的全部。"郭宝昌曾不止一次说过这话。现在《大宅门》已经有了各种各样的艺术形式：电视剧、电影、话剧、京剧……他终于可以宽心地舒一口气了。2019年的时候，美国芝加哥大学和哥伦比亚大学组织了"郭宝昌艺术研究小组"，围绕他编剧、导演的《大宅门》和电影《春闺梦》，展开东方艺术主题的研究。郭宝昌正好趁此机会梳理了自己的作品，前往讲学，交流《大宅门》四十年磨一剑的经历。

京剧里的游戏人生

为了郭老师工作方便，柳格格"下了大力气"给他布置了一个智能书房。在他们东城区的家里，柳老师给我演示了房间里的感应开关和智能白板，还有精心布置的光源。看完这间房间，顿时觉得这才是书房该有的样子。郭老师在一旁，用他一贯不以为然的口吻说："要我说，都不用这么复杂，我就要个书桌、一张床，有个厕所，就行了。"

话虽这么说，用着还是很顺手。之前话剧《大宅门》在青岛演出，郭宝昌老师就在这里录了一段宣传视频。视频中的他热情而亲切："这么热的天儿！这么远的路！这么贵的票！谢谢大家来看戏！"声音也是一如既往地洪亮，中气十足。

对郭老师来说，如今这个年纪的创作，已然凝练了他一生的体悟。他出了一本关于京剧的理论书，而且在呈现方式上花了很大的心思。"出版社一开始对理论书籍没有抱什么幻想，结果拿到书稿一看，原来这么好玩啊。这次我把理论书籍，用了另外一种写法。用一个个故事带出理论。"

之所以能写得这么有意思，是因为郭老师研究京剧已有几十年了。从小他就是个戏迷。上北京电影学院前，他每星期至少看三至四场戏。京剧、婺剧、川剧、秦腔、汉剧、扬剧、粤剧、越剧、芭蕾等等，他都喜欢。又特别爱京剧，拜冯景昶为师专门学过花脸，还写过两个活报剧形式的京剧剧本。

这许多年的浸淫让他意识到，中国的京剧实际上有一套自己独立的表演体系："人在舞台上表演，但却可以不入戏。这在全世界都是没有的。"所以西方理论的"阳伞"，无论是斯坦尼斯拉夫斯基还是布莱希特，都罩不住中国的京剧。为了用中国话说中国的国粹，他决定自己摸索，逐渐领悟到"游戏"二字。中国的表演体系就是一场游戏——京剧就是"了不起的游戏"。郭老师给我们聊的时候，还是他的老习惯，二两红星二锅头，打开话匣。

"'游戏'二字，我觉得就是我们跟他们最大的区别。京剧没

← 郭宝昌在酒店与深圳保利剧院的负责人沟通演出。《大宅门》的门票早早售罄，剧场内少长咸集、座无虚席（2020 年 2 月 11 日）
↓ 柳格格和郭宝昌，在北京家中（2019 年 1 月 21 日）

↑ 郭宝昌发布会后给新书签名。右起：宋小川、陈宝国、郭宝昌、洪海（摄影／柳格格，2021年7月11日）

有改变世界的意思。人们来看戏，是来看演员的绝活、绝技的。比如说《苏三起解》，故事大家清楚，各个流派的唱词也都差不多，观众看什么呢？看的就是梅兰芳怎么演苏三，荀慧生怎么演苏三，程砚秋又怎么演。各人有各人的巧妙。"

所以京剧就是老艺人一代一代"玩儿"出来的。"你走路要那么走，我走路要这样走；你摔一个跟头'啪嚓'扑到地上，我则来一抢背。"老一辈们实际上在舞台上用一套最美的动作姿态，把人的生活形态整个改变了，"甩发不是那样甩了，洗脸不是那样洗，哭不是那样哭，笑不是那样笑"。这里面蕴含着的，就是一种特别高级的游戏人生的境界。你从高处俯瞰下去，全都看透了，觉得生活应该是这样的。"这不是游戏是什么？"

不用一个西方理论家的术语，只拿故事来说论点。读了故事，也就理解了理论。能用这种从实例中出洞见的写法，是因为郭老师有足够的经验和自信。在中央戏剧学院讲课的时候，他是这么开场的："在中国，京剧、话剧、电视剧、电影的编剧、导演、演员全都当过的，全都门儿清的人只有一个，就是我。"

在新书发布会的现场，京剧名角宋小川也说了一段话："在中国所有的影视作品里，都找不到一部电视剧能像《大宅门》一样，把京剧的锣鼓经用得那么玄妙。剧里面演员的一个动作，例如跨门槛，一个神情，例如惊诧，背景音乐衬托的都是京剧里的锣鼓经，'傺才才傺才才才傺'。而且没有哪个观众会觉得突兀。《大宅门》播出到现在，已经二十多年过去了。里面的情节场景依然还有很多人都津津乐道，这太了不起了。"值得所有观众读者高兴的是，一直到今天，了不起的创作还在继续。八十多岁的郭老师依然笔耕不辍，案头还一沓一沓地放满了书。在他那间理想书房的墙面上，两边分别挂着两幅字，一幅写着"不难"，另一幅写着——"不容易"。

奶奶与我[1]

郭宝昌

奶奶与我的身世一直是个谜。从小懂事起，直到三十多岁，我才大概弄明白是怎么回事。我和奶奶一起生活了十年，从两岁到小学毕业那年。奶奶去世了，我一直都以为这是我亲奶奶，姓骆，嫁给了木匠郭绍臣，按中国老例儿便称郭骆氏。郭骆氏去世时是一九五二年六十岁，应该生于一八九二年（光绪十八年），老家是河北省深县贡家台，这也是我几十年填写履历表时的原籍地。奶奶小脚，有摇头风的毛病，也就是说除了睡觉时，您老人家的头总是不停地轻轻摇晃。有一次我试着用两手把住您的头，使其不晃。但不到一分钟您便头晕恶心，要吐，只有晃着头才不晕。您年轻时候什么样我就不清楚了。一九二七年河北农村大灾，郭绍臣携妻女逃亡进京，女儿十岁，住在南城金鱼池一带。两年后郭去世，女儿被卖进豪门乐家，为三老太抱宠物狗"大顶子"。

一九四〇年，女儿二十三岁，嫁七十岁乐四老爷为妻。奶奶成了豪门老爷的丈母娘，可依然是个乡下穷老太太，一个人在外单过，住前外大蒋家胡同。女儿婚后无子，一九四二年买了个乞丐之子，李保常。那时的乐家家族中有规定，本家男子不得过继外姓人为后，李保常便被养在娘家，认骆氏为祖母，而不是外婆、姥姥。我管乐四老爷叫姑爹，管养母叫姑妈，一直到上中学，一九五三年以后才改叫妈，可仍管乐四老爷叫姑爹，改名郭宝昌，等于是她娘家哥哥之子，尽管根本没有哥哥这个人。

我又以为这位奶奶无论在血缘上还是亲朋关系上与我本无任何瓜葛，到一九六五年我才弄明白七拐八弯地有着千丝万缕的关

---

[1] 本文摘自郭宝昌先生的文集《都是大角色》，三联书店 2021 年版。收入本书时略有删节。

系。怎么说？我都不知道从哪头儿说起好。

我的亲生母亲共有姐妹三人。大姐早年守寡，有四个儿子：老大去打日本鬼子跟了八路，她带着剩下的三个孩子无依无靠，穷得到处讨饭，讨了四年，一直熬到解放，分了田，有了家；二儿子打理田地；三儿子进了工厂；小儿子上了大学——一家子工农兵学全占齐了。

我母亲是老二。老三也就是我三姨，在北京嫁了一个营造厂的小老板，而这位小老板的母亲，是我这位奶奶的姐姐，我从小叫他姨奶奶。正是通过这种关系，我被我的亲三姨用两百大洋转手卖到了郭家。是有点绕脖子了，您听明白了吗？没有血缘，却都连着亲。为走动起来便利，奶奶迁居到了东兴隆街八十九号一个小四合院，与乐四老爷的大宅门斜对门，被府上人称为南院。我一直没问明白，我父亲做工伤残以后，穷困到沿街乞讨，冻饿死在珠市口大街的柳树井，我三姨为什么没有救助一把，却在他死后帮忙把我转卖给郭家？

女儿非常孝顺，可奶奶穷惯了。女儿嫁入豪门，奶奶的生活状况有了改变，可不习惯富裕生活，基本维持一般市民的小康生活，却肩负重任——没文化、大字不识的农村老妇女，要为豪门太太培养一个继承人，把一个乞丐的穷小子培养成少爷。可是您老人家连豪门少爷什么样都没见过，所以您一直按您心中想象的少爷那样来教育我。我始终感觉奶奶对于把女儿卖到豪门做丫头而且后来以相差四十七岁的年龄嫁给了四老爷，心中是有愧的。所以每当

女儿回家探望，奶奶完全是个恭顺的仆人形象，毕恭毕敬，充满了对女儿的歉疚之情。唯一可以报答回馈的只有一项天大的事：教育孙子成人，顶门立户，成为做大事、挣大钱的富人。您的教育有两项十年不辍的方法，如刀刻斧凿一般深深留在我的记忆中。

一是，"好好念书"。从我七岁入小学到十二岁小学毕业的六年时间里，每天早晨和中午上学，走出大门时不早不晚，奶奶都要声嘶力竭地大吼一声："好好念书！"我也要呐喊一声："知道啦！"六年，每年三百六十五天，除去五十二个星期天和三个月的寒暑假，要有二百二十三天，每天喊两次，一年四百四十六次，六年合计两千六百七十六次，一次不落，这需要有多么虔诚的信仰、坚韧的毅力、奋进的精神和超人的耐心才能做得到。奶奶要求的最高标准是开银行。经常会问："长大了，是掏茅房还是开银行？"我必回答："开银行！"每次姑妈来时奶奶都要很郑重地问一次。每当我回答完毕，奶奶就十分满足和得意地看着女儿，意思是看我教育的孩子多么有志向。我那时才七八岁，根本不知道银行是什么东西，其实奶奶也不知道，只听说银行里堆得都是钱。

二是，奶奶坚信古训，"棒打出孝子""不打不成才""三天不打，上房揭瓦"。还好，奶奶是七天也就是一个星期打一次。关键是也不多打，常年保持七天一次，所以每次打完以后，三四天内，我是绝对有安全感的，便很可以放肆地闹几天。我在学

校打架胡闹是出了名的。只有春节例外，春节不许打孩子，不吉利，我就可以敞开了胡闹了。奶奶顶多是虎着脸说，你知道我不敢打你，你闹吧，过了十五再说。因此正月十六就成了必打日。因为奶奶解放了，取得了合规合法的打孩子权力。每到十六这天一早起来，我就提心吊胆地瞄着奶奶的神色，尽量做到乖巧听话。奶奶已憋屈了十五天，不管我表现多好，这顿打是绝对躲不过的。一年五十二个星期，六年应为三百一十二次，但春节初一到十五不打，这就免去了两个星期。所以小学六年共挨打二百九十七次，一次不少。同时奶奶还有许多具体措施：（一）放学后直接回家，不得在外逗留；（二）回到家先做学校老师布置的作业；（三）作业完成后要写五篇大字；（四）未经奶奶允许不得迈出大门一步，界限是大门口的三层台阶；（五）不许和别的孩子一起玩耍，星期天可以在院中与同院的孩子玩半天，剩下半天写大字。违反了哪一条都要挨打。

另外还有一门特殊的功课，为奶奶捶腿。这说来话长。奶奶每次打我是用一根一尺长的圆木棍，有手腕子粗细，是每天用来敲打奶奶的老寒腿用的。奶奶是老寒腿，终年酸痛不止，总有去不尽的寒气，所以冬天棉裤外面还要套皮套裤，夏天不管多热，也都穿看棉套裤。这种套裤当年在北方很流行，专门护腿的，只有两只裤腿，套在腿上后，用套筒边缘的吊带系在裤腰带上，套裤从腿部后面开了衩，把开衩左右一免（北京话，左右一包的意思）扎上腿带，密不透风，十分保暖。奶奶即使

在盛夏骄阳似火时，也要在院子里穿着棉套裤，晒太阳，手里打把油布雨伞遮阳，只遮上半身。每天最大的享受就是叫人用两根木棍给您敲腿，一般要半个小时，太轻了太重了都不行。奶奶夸我说我敲得最好。有时姑妈或亲朋来了，赶上了，也主动要求敲过。这个差事我进行了五年，这也是十年里我为育我教我的辛辛苦苦的奶奶，尽的唯一孝道。每次捶完腿，奶奶都要非常惬意地长长地出一口气。这两根木棍已摩挲得油亮，每当奶奶打我的时候，这木棍就成了打我的工具。每当奶奶拿起木棍，我就知道要挨打了，立即号哭起来，边哭边很自觉地走到床前，褪下裤子，往床上一趴。奶奶走过来照着屁股上一顿揍，真揍，往往揍得青一块紫一块的。我于是像杀猪一样地号叫，其目的是呼救。闻声而来的街坊邻居，大婶子大妈们拥了进来，上前阻拦、劝解。越拦打得越狠，有时就打得失了方寸，腿上、肩上，隔着拉架的人逮哪儿打哪儿。有一次正经打到了我的头上，还正赶上姑妈来了，带了好吃的来看我。奶奶住手了，姑妈把我拉到怀里说：你看又惹奶奶生气了不是？又不听话了是吧？奶奶平日些微摇晃的头，由于运动量过大又生气，便剧烈地摇晃起来，气喘吁吁地说："问问他今儿都干什么了？在院里玩了一天，叫了三遍才进屋，这还了得！这么小就不听话，长大了还不去杀人放火！"姑妈忙说"好了，知道错了"，然后一句句教我："说，奶奶我错了。"我抽抽噎噎地跟着说："奶奶我错了。""以后改

了，再也不惹您生气了。""以后改了，再也不惹您生气了。"姑妈胡噜着我的脑袋说："行了，奶奶不生气了，我们以后改了。"忽然姑妈摸到了我头上起的大包："这脑袋上怎么一个大包？"奶奶气哼哼地说："打的。""您怎么打脑袋？""谁叫他们瞎拦着？够不着，可不就逮哪儿打哪儿。"姑妈立即翻脸了："怎么能打脑袋？脑袋是想事的，这要打傻了怎么办？"奶奶慌了忙说："是打屁股来着，可他们拦……"姑妈怒了："拦着就别打了。"姑妈指着我的脑袋说："这是屁股？瞧这大包。"奶奶惶恐得无言以对，姑妈突然站起来拉着我往外走："走，咱们走！"愣把奶奶一个人扔那儿了，刚走到大门口，便传来奶奶在屋里号啕大哭的声音："我把闺女气跑了……"

姑妈本是最孝顺母亲的，可这次连头都没回地拉着我走出大门，带我去了便宜坊烤鸭店，先上了一盘鸡丝拉皮。那叫好吃，我狼吞虎咽。姑妈说吃两口就行了，还有好多菜，还有鸭子，别照着一个菜傻吃。吃完饭又带我去劝业场买了好多文具，一支派克金笔，一瓶墨水，可后来我珍藏着舍不得用，一直保留到"十年浩劫"。那天姑妈很晚才把我送回家，也没进门，径自走了。睡觉前奶奶把我拉到跟前，边摸边揉着我头上的包说："这么大包，这么大包，疼不？你姑妈都跟你说什么了？"说着说着突然又号啕大哭起来："我对不起我闺女，我叫她生气了……"惹得街坊大婶又跑来劝。打这儿起奶奶接受或说是总结经验教训了：要打只打屁股；必须排除

干扰，不能叫人来劝，再打的时候先把门关好，上了栓，再拿棍子。我也改变了程序，从一关门时就开始号哭。奶奶拿棍子的时候我已经褪了裤子趴床上了，可再怎么使劲哭也没用了。邻居大妈们只能在窗户外边敲边喊："别打了，开门，老太太消消气，打两下子就行了。"这样当然就打不到脑袋上。奶奶一直打到手软，才剧烈地摇晃着头打开门。邻居们拥进来，照例叫我重复着那套认错的话："奶奶别生气了，我错了，以后我改了。"奶奶照例要抱着我心疼地号啕大哭一番。这种打法对我是非常有害的，养成了顺从挨打的习惯。小孩子在外是经常打架的，我基本上是抱着脑袋投降认怂，任人踢打，只要不打脑袋就行。直到上中学到了初三，我才开始自省，是看了很多书以后而自省：这样的性格是没出息的，是难成大业的。于是自觉地逐渐开始改变了，还手，互殴，有时也难免打得鼻青脸肿。回家姑妈见了便问，这腮帮子怎么肿了？撒谎，说是打球时撞的。再后来就开始主动出击了。上了高中就很野了，三天不打架，浑身痒痒。我也有几个好哥们儿，实在耐不住了：今天找谁打一架？对面过来几个人，就故意走过去撞一膀子。对方喝问，干吗撞我？就撞你了！二话不说挥拳就打，打到双方都觉得没劲了，各走各的路。从一个极端走到另个极端，同样也害了自己。在后来上大学后的政治运动中，这种野性子使我遭了大难。

我小学毕业那年，打春节以后奶奶的身体状况就不好了。特请了一位京城很有

名的老中医，每隔个十天半月就来诊一次脉。老先生留着灰白的山羊胡，戴着深度的近视镜，每次来都很郑重地穿一身崭新的长袍马褂，正襟危坐，不苟言笑。我要陪侍旁边，端茶倒水，铺纸研墨。他开完方子，都要认真嘱咐我煎药时注意些什么，极为细心。有一天他开完方子后，不及说话便匆匆而去。我一看方子，在上端的空白处有一行小字："此方如仍无出入，望另请高明。"我"呀"了一声，奶奶和姑姑忙问怎么了，我忙打谎说："今儿这方子怎么开了这么多味药？"就糊弄过去了。姑妈走时，我忙拿了方子跟了出来，告以实情。姑妈抚着我的头说："做得对，不能让奶奶知道。"她立即带我去老先生家拜望，说明给奶奶看病完全是一种心理安慰，早知道奶奶不行了，不指望会有什么奇迹出现，请老先生继续诊病，脉金照付，否则奶奶要起疑心了。老先生勉强答应了，并告诉姑妈，顶多再有一两个月，可以准备后事了。

奶奶直到去世前大概有一个多月躺在床上，不但打不动了，也喊不了"好好念书"了。咽气的前一刻，您拉着我的手，不住张嘴想说话，可出不来声，应该是想说"好好念书"。那些日子都在准备后事了，买了很多的金箔、银箔。大家围在桌前，叠金元宝、银元宝，装在一个一尺见方的大纸袋里。还有冥币，上面印着天堂银行十万二十万的票面，也和元宝一起装进大纸袋里，装了有几十个。纸袋上都写着"收款人郭骆氏"。那天下午我还在学校上

课。已经放暑假了，为了考中学，学校办了补习班，应对升学考试。我当时特别希望奶奶能看到我考上中学，您从半年前就开始督促我了，好好念书，考上中学就是大人了。我报考了五个中学，其中有四个私立学校，一个市立学校。已经考过了三个，但都还没有发榜。奶奶若能多活十天，就可以知道我考上中学了，您没等到。那一天，我正在上课的时候，看见教室窗外我家的保姆来了。老师问什么事，说家里有事叫我立即回去。我奶奶病重，老师是早知道了的，便叫我赶快回家。我走到讲台前面的时候，老师摸了摸我的头说："可怜的孤儿。"我当时还不太懂，我还有姑妈，怎么就成了孤儿？

我心里知道奶奶不行了，等回家一看，院子里停了棺木，摆满了纸糊的车马、童男童女、金山银山、白幡纸柳什么的。进屋一看奶奶已然穿好了"装裹"（为逝去的人专门做的绣满福寿字的服装），但还没咽气，我已经哭得不行了。姑妈叫人帮我穿好孝衣，戴上孝帽。一直到夜里快十二点了，奶奶就是不咽气。我三姨三姨夫等亲威都在床前喊叫：老太太走吧，走吧！放心走吧，路上平平安安的，走吧。奶奶好像动了动手，姑妈忙叫我过来拉着奶奶的手。我拉起了奶奶有些僵硬的手，您老人家大概有感觉，张嘴要说什么。姑妈凑前大声说："妈，您要说什么？您孙子就在这听着。"您使尽力气张了张嘴，终于没说出声，拉着我的手走了。我三姨随即命令所有的人："哭！"屋里大概有八九个人，齐

齐发出哭声。老太太就这么走了。大家全都跪地上磕着头呢。三姨站起来大叫："备车！"人们又全都拥到了院子里，把纸车纸马、金童玉女、金山银山等，都拿到大街上，摆在街中间。突然起风了，所有这些纸活儿得有人摁着，否则全会飞起来。三姨大喊："快烧，老太太着急了！"三姨夫说："老太太着什么急？车来了，车来了，这就走。"又给我一把烧着明火的香，必须由我先点火。我点燃了纸马，接着一溜纸活儿都点着了。摁着的人一松手，风太大，吹得满街筒子都是烧着的纸片纸团。回到屋里要守灵，直到天亮都没睡。一大早吊丧的客人来了，我要跪在灵床旁，不管什么人鞠躬磕头，我都要磕头还礼。过了午时开始棺殓，从杠房请来了全套人马，里里外外站满了几十号人。棺木抬进屋，杠房有位主事的头儿，指挥一切，先喊"入殓"，将奶奶遗体抬入棺内。这棺木是两年前就准备好了寄在高庙的一个寺院里，奶奶亲自看过的，是杉木十三圆，很高档。主事的头儿喊一句："棺盖，哪位亲人再看一眼？"于是姑妈拉我上前瞻仰遗容。棺盖盖上以后又喊："下销！"下销就是棺盖与棺座有相通的小方形的孔，用木销将盖与座连在一起，就是卯榫。第一销必须是长子或长孙打一锤。榫楔早已嵌在棺盖上，露出半截，用锤打下去，与棺盖打平即可。主事的头儿把锤交给我，叫我打下第一锤。我已经哭得不行，拿锤子的手不住发抖，两锤都打偏了。这位头儿一看，觉得不是个事儿，便伸手握住我的手，又狠又准地

砸下去，只一锤就把销砸下去了，不带任何感情色彩。我的任务完成了，他把锤夺过去，和另一个伙计，乒乒乓乓地迅速将一圈楔子砸完了。起棺要抬出屋到大街上，屋门及门框是早已拆掉了的，门道又窄，十几个大汉倒了几次手才抬到了大门口。下台阶，前面抬棺的要举得很高，保持棺木水平不倾斜。大街中央早已备好两条长凳，停好后上杠。我迎着棺木跪在了街当中，街道两旁围观看热闹的已经是人山人海，房顶上都是人。由于家中只有我一个男丁（女孩子是不行的），所以打幡、抱罐、摔盆全是我一个人的事，不可能同时完成。他们就想了个办法，让我腰间系根小带子，把幡儿插在后背上，像戏台上大武生的靠背旗，再在我胸前缝了个大布袋，把罐（此时罐内还是空的）放在口袋里，以便腾出两只手抱盆。看热闹的人吵吵嚷嚷地议论着，指手画脚地评论着："这是老太太的孙子，老太太就一个孙子。""杉木十三圆，够阔的。"一切就绪，我跪在棺前要摔盆，地上放着一块青砖。姑妈在我耳边说："摔盆，使劲摔，摔得越碎越好！"我将盆举起奋力摔下去，粉碎。随着摔盆一声脆响，所有送殡的人（有二三十几个），齐声号哭。吹鼓手们鼓乐齐鸣，我把幡儿从背后抽出拿在手中，我走在前面，出殡队伍开始行进。身后杠头儿手持两条木板，不时击打着，指挥着抬棺人的步伐，还有个人不时地撒纸钱。我脑子里是木的，叫我干什么我就干什么。一直走到崇文门附近一个庙宇前，想不起是什么庙了。灵柩停在一座

大殿中，我依然跪在一旁守灵，不住地磕头还礼。此时已经没什么伤心痛苦了，只觉得又困又累，主要是困。院中搭了法台，许多的和尚在念经，好像打醮七天的时候"放焰口"，和尚们在院里撒了很多小面馎馎，是撒给饿鬼的。大概是入葬的前天晚上开了十几桌宴席，灵前单摆了一桌，菜肴十分丰盛。主位上放了我在起灵时怀里装的陶瓷罐。客人们在入席前先在灵前排上队，每人要选一样菜，夹一筷子菜放到罐中。我是第一个，母亲告诉我捡三样奶奶生前最喜欢吃的菜夹到罐子里。我夹完以后，后面的每人夹一筷子，最后的空余由母亲将罐子全部加满。于是有个僧人过来封口，不知念了些什么，用黄油纸黄绫绸子将罐口密封。这个罐子要在下葬时摆在灵柩的前面，一起入土，是荫及子孙后代满福满寿的意思。

第二天将灵柩抬到一辆大卡车上，我们都坐上一辆大轿子车，直奔了西郊"福田公墓"。到了墓地，姑妈拉着我的手，指认给我看，竟然是一溜墓地，可分五个穴，依次是爷爷、奶奶、姑妈、我，最后一个穴是我媳妇的。我十二岁已经连我媳妇的墓穴全都买下了。这才想起我升高小五年级的时候，我十岁，奶奶和姑妈张罗着给我找媳妇，要找一个比我大三岁的女子，初中毕业就结婚，早生子，早得济。那时《婚姻法》还没颁布，我听说要娶媳妇，犹如大难来临，奋起抗争，坚决不娶媳妇。这事儿很快传到同学耳朵里。早晨上学一进教室，同学们拍着桌子起哄："郭宝昌要娶媳妇了，没羞又没臊，脸上挂个皮老道！"羞得我无地自容，回到家又哭又闹。奶奶说，又不是现在娶，先找个女子备下。新婚的房子也已经买好了，在草场四条，是两进的大四合院。而且结婚所用已全都备好，甚至我媳妇的聘礼、金银首饰、四季衣物，连枕头被褥也都置办好了。现在一看，包括墓地都准备好了。我现在的媳妇当年还没出生。

开始下葬，我才看见我爷爷的棺木也迁了来，也不知从何处迁来的。当初爷爷去世时家境贫寒，是买不起像样的墓地的。爷爷棺前也有一个大瓦罐装着满满一罐水，大家称颂"大吉大利"，这象征满福满寿。假如罐子裂了漏了，是不吉利的。棺木下到墓穴底，该填土了。我又是填土第一人，姑妈叫我抓一把土，先扬到棺木上。于是周围七八个大汉才挥舞铁锹，随着我扬出的一把土，很快将墓穴填满，并拍出一个大坟包，垒起一砖围子。立了碑，焚香叩头以后，全部仪式结束。这天晚上我住进了北院大宅门。

郭宝昌的普鲁斯特问卷

你认为最完美的快乐是怎样的？
一辈子做自己愿做的事。

你最希望拥有哪种才华？
才华与生俱来，没希望。

你最恐惧的是什么？
找不到家了。

你目前的心境怎样？
危机！好多想做的事恐怕来不及了。

还在世的人中你最钦佩的是谁？
老婆。几经大难，仍坚强地活着，勤奋地做着。

你认为自己最伟大的成就是什么？
跌跌撞撞地走过一生，就不倒下。尽管有时走的姿态不大好看。

你自己的哪个特点让你觉得痛恨？
经常为了活着不得不撒谎。

你最喜欢的旅行是哪一次？
2002 年与妻唯一一次九寨沟旅游，第二天创作灵感大发，中断了旅游。

你最痛恨别人的什么特点？
浅薄。

你最珍惜的财产是什么？
写了一辈子东西，手稿尚存。

你最奢侈的是什么？
劳改时无一餐饱饭，野外干活捕野兔一只，偷偷煮后尽食，太过奢侈。

你认为程度最浅的痛苦是什么？
糖尿病多年不能吃甜食了。

你认为哪种美德是被过高地评估的？
感恩。

你最喜欢的职业是什么？
我一生从事的事业。

你对自己的外表哪一点不满意？
长相凶恶，吓哭过不少襁褓婴儿。

你最后悔的事情是什么？
没能向母亲表白忏悔之意。

还在世的人中你最鄙视的是谁？
告密者。

你最喜欢男性身上的什么品质？
心疼女人。

你使用过的最多的单词或者词语是什么？
游戏。

你最喜欢女性身上的什么品质？
不顾一切地爱一个男人。

你最伤痛的事是什么？
政治运动中伤害了母亲。

你最看重朋友的什么特点？
在你最艰难无人理睬的时候，他和你打了一声招呼。

你这一生中最爱的人或东西是什么？
爱母亲和现在已须臾不可离开的拐杖。

你希望以什么样的方式死去？
在工作中累死。

何时何地让你感觉到最快乐？
曾经的大学生活，对世界最无知的时候。

如果你可以改变你的家庭一件事，那会是什么？
没有如果。

如果你能选择的话，你希望让什么重现？
年轻！假如有如果。

你的座右铭是什么？
打进地里，准备上天。

徐冰

中国当代艺术家，现居北京、纽约。对中国文字的解构之作《天书》在世界各地展出，被多部艺术史著作介绍。1999 年凭《新英文方块字》获得美国文化界最高奖「麦克·阿瑟天才奖」。

以艺术的方法，回应当代的问题

创作方法：密集劳动与声东击西

2021 年 12 月 19 日，我去上海浦东见徐冰老师。浦东美术馆的白墙前，立着他这次展览《徐冰的语言》的大幅展板，只有黑白两色，疏淡相宜。远远地看到徐老师的身影，他也穿着黑色的衣服，鼻梁上架着标志性的圆框黑眼镜。

今天是正式开展的前一天，徐冰老师将在馆内完成《读懂中国》纪录片的拍摄，同时还在最后调整展品的陈列。准备作第一次采访的时候，他脱下了身上略厚的外套，换上一件黑西装，"更正式些"。

对作品的介绍从一楼的《天书》开始。展厅的地面上整齐地铺满了书，侧墙上也一版一版地印满了字，顶上还垂下长卷。人一踏入这个空间，立刻会被这些莫名难辨的字包围，感到难以言喻的紧张。只有徐冰胸有成竹地走进去，打量着展陈的每一个细节。

这个浩大的文字工程，开始于 1986 年的一个偶然念头。身处 80 年代的文化热，徐冰在漫天的讨论中感觉自己"好像丢了什么东西似的"，于是他想到要做一本谁都读不懂的书。这本书将严格遵照一本真书的成书过程，但却不会有任何实质性的内容。

1987 年 7 月，抱着对精准工序的设想，他展开了这本"书"的创作，决定造四千多个假字。这是因为出现在日常读物上的字是四千左右。一个人只要掌握四千以上的字，就可以阅读，就算是知识分子。

徐冰需要这些字最大限度地像汉字但又不是汉字，这就必须在构字结构上符合汉字的规律。对此他颇有心得。小的时候在北大图书馆读书，读不太懂内容，他就一直在观察汉字的形式。

吭哧吭哧，"今天刻了几个字，明天又刻了几个字"，在脑子放空的状态下，一直刻到了 1988 年下半年。徐冰闭门自造出了两千多个字，并以"版画"为名在中国美术馆展览，意在强调"印刷"对这件作品的重要性。

← 徐冰从展板前走过（2022 年 1 月 19 日）

↓ 徐冰在浦东美术馆展览现场检查《天书》，从这个角度看去，书缝均能沿斜线对齐，可见其布置的严谨（2022 年 1 月 14 日）

↑ 徐冰在上海浦东美术馆，整理正在展出的《天书》(2022 年 1 月 15 日)

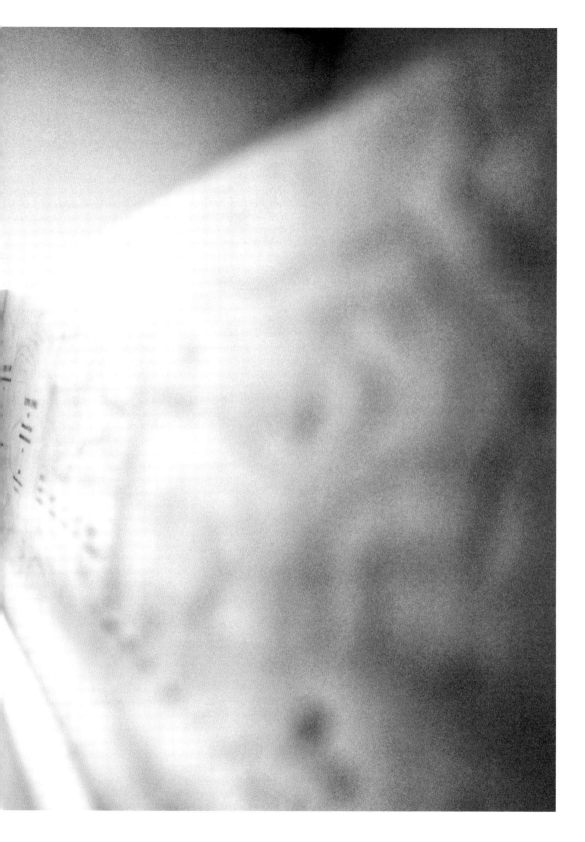

展览引起的广泛讨论，帮助徐冰进一步确认了"书"的形态。于是他重订开本，又花了一年多刻了两千多个字，总共累积了四千多个字。这次他没有再使用版画的油墨制作，而是找了北京郊区一个专门印制古籍的传统工厂。

最终，《天书》总共印了 120 套，每套 4 册，共 604 页。每套装在一个由河北邯郸老木匠特制的核桃木盒中。这些零碎的工序，使得这套书一直到 1991 年秋天才完成。

名字从《析世鉴——世纪末卷》到《天书》，时间从 1987 年到 1991 年。有人问徐冰要怎么解释这个作品，他回过头来想，总结说：有一个人用了四年的时间，做了一件什么都没说的事情。

徐冰的创作特质正在于此，他从来不吝惜自己的力气，潜心在看似简洁的作品里投入巨大的工作量。"我必须打磨到 100% 才满意。"每一个环节都讲究，最后出来的效果就不一样。这种方式是他从一开始就想好的。"我当时只有一个想法，就是我必须非常认真去做这本书。一旦非常认真，它的荒谬性就会很强，自然会产生哲理和悖论的力度。换句话说，'认真的态度'是《天书》这作品的艺术语汇和材料。"

实际上，作品的质量反映出的就是制作人的质量。徐冰将这种认真视为自己的天性。年轻的时候作为知青下乡，他给自己立下了两条规定，一不抽烟，二不随便回京探亲。最后全公社一百多个男知青中，只有他一个人在插队期间一口烟都没抽过，逢年过节也经常只有他一个人留在村里。后来他考上了从幼儿园起就梦想着的中央美术学院，依然分外用功，对着石膏像一坐就是几个小时。别人觉得他辛苦，但他自己却觉得，坐在画室里比起蹲在地里薅谷子，"根本不存在辛苦这回事"。

不断的自我训练奠定了徐冰的风格，"能够让自己做的事情一点儿一点儿达到我认为应该达到的程度，就很愉快"。

以密集式劳动铸就艺术的质变，郑重其事却又一无所言，《天书》就如此成为高度表里不一的东西，挑战着人的思维与理解。人们可以把这些"字"视作字，它们却不表示任何意义。人们可以把它叫作书，但这本确确实实具有书的外表的"书"却不记载任何内容。徐冰从文化热中脱离出来，转向了新艺术，转向了这种与正常的错位。

然而即使"荒诞不经"，即使"什么都没说"，依然是一种沟通，是一种对东方哲学的表达。《天书》的思考方式、工作方式都具有中国禅宗的意味：试图透过不沟通来达到沟通。这些假字通过"让人不舒服"——很多人强迫症似地想找出哪怕一两个真的字——迫使人们对现有知识体系产生怀疑，恍然意识到"书里除了字什么也没有"。

这样的创作方式，用他自己的话来说，就是声东击西，假戏真做。声东——让别人感受并相信作品本身的力度；击西——真正的意义又游移在作品之外。

↓　徐冰在《蜻蜓之眼》展区的监控画面前（2022 年 1 月 15 日）

2017 年创作的《蜻蜓之眼》，距离《天书》三十余年，依然反映出徐冰作品的独特气质。为了这个作品，光是下载和处理监控画面，他就花了一年多的时间。之后才根据剧本，拼组剪辑出一部 81 分钟的剧情片。整体制作完成后，制作团队又挨个去寻访镜头中的人物，以获得他们的肖像权。这次在美术馆的三楼，布置了一个仿影院的小间，专门播放纪录整个创作过程的影片。

然而片子实际上要说的并不仅仅是这个爱情故事本身，从影像中表达出来的还有许多其他的事情。你可以从中看到纪实影像的泛滥："如果监控影像能够完成一个相对复杂的叙事，那么这就说明了监控影像和我们社会的关系"；也可以从中感觉到当代生活的复数性，流水线上的奶牛、大量整容的女孩……个体的"我"复刻着无数个他人的命运。这一切都被真实完整地拍摄下来，构成另一个意义上的寓言。

这是徐冰，他尤其喜欢用巨大的工作去制造一个"事实"，但这个事实又是虚指的，甚至是不存在的，是一个"愉快的圈套"。

创作的有效展开：吸纳外在社会的能量

"艺术系统本身的新鲜血液，不是从这个系统里获取的。这个系统有什么就已经有了，而没有的东西一定是从系统之外带进来的。"

徐冰视自己为进入西方语境的一代艺术家。这个身份的界定使他意识到他在艺术道路上的一个关隘：他会在一个阶段过多地关注对艺术系统本身的抵抗和颠覆，而忽略了从人类本身的生存状态获取能量。

90 年代美国一个年轻人的故事给了他很大的震动。这个年轻人因为喜欢玩电脑，惹得母亲数落：整天在家鼓捣电脑，能靠它吃饭吗？年轻人听着受到了刺激，就真的下定决心一年不出门，所有的生活用品都在网上订购。当时线上购物方兴未艾。依靠网络

← 徐冰在友人家中闲聊（2021 年9 月 27 日）

公司的发展，这个年轻人真的过了一年不出门的生活。

徐冰把这个故事告诉另一个艺术家朋友谢德庆之后，谢德庆沉默良久，最后说："我和他平了。"他们俩都意识到，这个年轻人实际上完成了一个具有核心实验性的行为艺术。因为他在那个年代直面并实验了人类在未来的境况，尽管并非出于艺术的目的。

透过这个年轻人，徐冰意识到创作的推进和展开应当跳出艺术，从文明的新走向、新问题中发掘创作思想。

2008 年的《木·林·森》就是在这种思路下实践的作品。这个项目最初是一个倡导全球性资源保护的公益项目。徐冰的设想是，先教当地的孩子用古老的文字符号绘制树木主题的图画，然后将这些画展出和拍卖，所得的善款全部汇集到肯尼亚山基金会，用来种植真的树木。整个过程并不完全与艺术相关，却触碰到了艺术的核心课题，即艺术的形态是什么，艺术家灵感和创造的来源在哪里。

徐冰想要通过这个不标准的艺术作品，达到公益与艺术的双重目的。每一个参与到项目中的人都获得了益处，环节又与艺术相关。徐冰从中得到的，是通过临摹孩子的画学到的东西，他从中看到了"孩子的固执"，看到了"人类原始的概念符号"，甚至于"有一段时间，我每临一棵树都做一点笔记，因为在临摹的过程中，总是给我很多想法和启发"。孩子们获得的，除了绘画相关的知识以外，还有通过真实世界的经济运转方式将自己的画变为真树的经历，这帮助他们理解了自己的理想是如何在具体的现实中着落的。

《木·林·森》十几年前从肯尼亚开始，后来一直延伸到了中国的内地、香港、台湾，以及巴西、印度等国家和地区。作为一个"对社会有益的"的作品，同时作为一种理念，它就像种子一样在大地上传播。每到一个地方，孩子们的画都会补充上当地的独特因素，包括对自然的态度、丰富的地域文化、独特的民间艺术。

看起来与艺术是两回事的项目，最终能够为艺术系统带来了

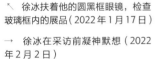

↖ 徐冰扶着他的圆黑框眼镜，检查玻璃框内的展品（2022年1月17日）

→ 徐冰在采访前凝神默想（2022年2月2日）

新的血液和动力。所以，"没有必要太把艺术当回事"，真正的推进能量来源不会来自艺术系统内部，而在其之外。于是我问徐老师：那就是万物为我所用了？徐老师用他那总是不疾不徐的语速和沉稳的语调回答我：是这样。在系统之外才有太多的未知变数，有用不完的思想养料。"当然还要找到合适的表达方法"，他补充说。

观念艺术家：艺术要有思想的力度

科技的飞速发展为人类生活与思维的变革带来了新的思想能量和动力，每一个人都要接受并应对整个世界的颠覆性改变。艺术家，在这样一种境况下的创造力，实际远远不及社会的发展。而一种假装的、表面的创造姿态甚至使得艺术成为最没有创造性的领域。

央美的毕业展就给徐冰这样的感觉。他看到很多运用了技术的、花里胡哨的、好玩的作品，但没有感到这些作品提示了任何新的感受或概念，只有科技，没有艺术。

对徐冰而言，艺术家如果真的要和巨大又无处不在的科技体较劲，靠的只能是艺术中思想的力度。换句话说，作品的核心部分是什么，它表达出了什么其他领域不能表达的东西？它有没有可能给人类文明提供一种新的看待事物的方法？

因此，做艺术需要对社会的思考力，需要一个足够结实的想法，说"没人说过的话"，做"值得做"的事情。在这个意义上，徐冰倾向认同自己为观念艺术家，观念必须清晰、创新、没有破绽。

有了这个起点，艺术家的工作才正式开始。他必须使用具体的材料，或者进行一定的造型处理，来完成一个可见的作品，从而表达出自己的想法。艺术不同于思想和哲学，它关注视觉图像的输出。所以，还要找到新的艺术表达，使之有效，"谁完成了这一

段，就是好的艺术家"。

《天书》之后，一个提示新思考角度的艺术表达是 1994 年开始创作的《英文方块字》。它的出现直接源于去往美国后的徐冰所感受到的语言和沟通上的尴尬。成熟的思维能力与幼稚的表达能力之间的不协调，使他想到从英文角度创作文字的可能：用书法的样式，将所有英文单词以汉字的思维书写成"方块字"。他试图通过这个过程了解不同语言的特性，了解文化的不同。

这个把中文英文"嫁接"成一体的想法，开启了《英文方块字》的创作。最初的字写得不好。因为书写时，"脑子里想着英文字母，同时要顾着中国书法运笔的讲究，真是没有这种用脑和手的经验"。

整套书写系统形成后，作品在世界各地展出。1996 年，由

于不满于艺术和一般人之间的隔阂，徐冰想办法设计了作品的互
动性：改展览的形式为开放式，让参观者能够坐下来，实际书写，
运笔体会英文字母、汉字外型及汉字结构。他还在美国开办了新英
文书法的教室系统，让学生们用当代艺术的形式，接触中文文化。
这次在浦东美术馆的展也采用了这种形式，在展厅里布置了黑板、
课桌、课本，参观的人可以坐进教室，用毛笔临摹英文方块字的
字帖，然后再用这些重新结构的英文字母创造出不同的文字。

↑　徐冰站在英文方块字前（2022
年 2 月 3 日）

虽然这件作品的起因是语言和文化冲突，但事实上它真正要表达的并不仅仅是文化交流、沟通、东西合璧这类问题，而是意图开启一个新的视角，打破人的固有思维方式。美国后来就有学校开设这门书法课程，有公司将英文方块字用于招聘面试，澳大利亚教育部还将之纳入 IQ 测验系统中，都意在考验人的思维转换水平。作品走向现实，《英文方块字》真正在观念上提示了新的可能。

徐冰的人工智能无限电影（AI-IF）项目于 2021 年 10 月在山西平遥电影节发布了。人工智能电影基本上是一个"三无电影"的概念。之前的《蜻蜓之眼》没有摄影师，没有演员，而人工智能电影则没有编剧，没有导演，没有剪辑——什么都没有。它是完全由 AI 完成的电影。现有的人工智能软件可以学习大量过去的剧本和电影，可以从过去的电影、新闻图片等各种各样的图像里头采集信息。所以只要观众选择一种电影类型，再给它一句话，就能产生出有旁白、有对话、有音乐、有画面的新电影。如果只有 5 分钟的时间，就选择 5 分钟长度的片子；如果今天一天都想看，AI 就可以给你制造一天时长的电影。更有意思的是，每一次的播放都是不一样的，永远是一个新电影。

浦江美术馆展厅的一侧墙上，挂着两个大电视屏幕，展出了这个项目的初步成果。参观的人可以在屏幕下方输入对应的关键字，比如"科幻""爱情"，软件系统就会从海量的素材内容中进行挑选，组合成相应的故事放映出来。

因为软件依然处在学习的过程，由它生成的电影还不是很成熟。在这个项目中，徐冰最关注的是 AI 与人工的差别。因为作为自然人的电影人创造的电影，总存在一定的缺陷。人有或出于政治，或出于经济的各种杂念企图，这导致他们最终对世界的呈现和判断是局限的、偏颇的、有盲点的。但是，AI 完全是算法驱动的，它可以避免所有这些东西，在一种纯客观的角度上，它有可能生产出人类在影视制作中真正追求和需要的东西。"以后最好的电影应该都是 AI 创作出来的。"说时他歪着头，眯着眼看了一会儿屏幕，尝试从观众的角度判断展品的位置、光影和角度的关系。

徐冰相信技术的进步，尤其是 AI 的进步，会让我们逐渐步入一个前所未有的新世界。在这个崭新的世界当中，自然人会和 AI 人重叠。再之后，因为自然人身高、长相、健康、智商和寿命上的局限性，会慢慢地被 AI 人辅助和替换。对于这样的一个新世界，实际上是很难去谈论的。现下还适用的概念、命题、艺术等等，在将来可能都是无效的，没有任何意义。

显然，徐冰又在紧靠现实处理一个未来性的命题，探索着当代艺术的前沿。用恰当的方式说出没有人说过的话，做出"无法被取代"的艺术，是他一直以来的信条。他总是期待他的作品对人的思考有启示、对社会有益处。所以作为老师，他向青年艺术家给出了这样的忠告：

学艺术的人得搞清楚艺术到底是什么，搞清楚艺术和社会的关系。你想成为一个艺术家，你到底要做什么？你跟当下社会发生什么样的交换链关系？你能给予社会什么？社会才能回报给你，让你成为一个游手好闲的艺术家。这些道理最重要，都得弄清楚。

←　徐冰穿过展厅的过道（2022 年 1 月 18 日）

首枚艺术火箭的命运 [1]

——

徐冰

科学看不懂的东西用艺术看，反之亦然。

2021 年 2 月 1 日，中国酒泉发射基地发射了一枚火箭，这是全球第 6025 次航天发射，中国第 389 次发射，中国民营火箭第 5 次发射。这枚火箭以"徐冰天书号"命名。

2019 年 11 月下旬我被告知：近日有人要来谈"艺术火箭"的事。但我的第一反应是不会太有意思，因为我总是对身边不起眼的材料更容易有感觉；重大主题和符号性过强的东西不易碰，因为艺术较不过那个劲。但好奇，不想放弃这个过去想都不敢想的机会。"万户创世公司"的于文德先生来工作室，带了一个金属箱，打开来是一枚精致的火箭模型，足显太空科技水准。他介绍来意："我们要把艺术与太空科技结合，发射一枚'徐冰天书号'火箭。"

在中国总有超能的奇人，用自己的方式推动着大中国向前滚动。于先生有种特殊情怀；二十年来一直在收集与火箭相关的各种物料，对太空文化抱有强烈理想、执着不舍。是他承接了"星际荣耀"火箭公司的艺术项目。随后，几方签订了保密合约，发射日定在 2020 年 4 月 25 日，看来这已是"确有其事"了。之后我就不断问自己：艺术为什么要介入太空领域？

2 月我因为疫情困在纽约工作室。在有限的空间内，每日面对琐事，思想又不时被这个远得有点不着边的项目带到外太空，这真是一种"思维拉伸"的训练。随着全球疫情加剧，人类恐慌又无措，我推敲出三个概念词，弄出一句话："把欲望、危

1　文章原载于《三联生活周刊》，收入本书时略有删节。

机、未知发射给外太空。"感觉开始抓到了一点发射这颗火箭的理由,同时也感到自己原来是如此的没有想象力。

2018年,我认为的真正具有当代观念性质的太空艺术作品出现了。美国艺术家特雷弗·博格伦(Trevor Paglen)与内华达艺术博物馆合作,通过SpaceX"猎鹰9号"将一个鞋盒大小的,充满反光聚脂薄膜材料的立方体带入太空。这个方体在真空环境下会自动膨胀成一颗30米×1.5米的钻石形气球,利用阳光反射,在地球上裸眼可欣赏到如星星般明亮的雕塑。虽然这件作品由于技术故障18天后失联,但引起了关于太空垃圾、光污染、谁有权将什么放入太空的讨论。批评集中在他把"无用"发到太空。艺术家说:"公共艺术的好就是它的'无用性'。"他争取的是艺术家与科学家具有平等使用太空的权利。在我看来,讨论本身已经起到了此项目的作用。艺术有时并没留下精美的、物质化的"艺术品",却触碰了预示未来的命题。

对太空艺术的学习,让我对艺术与太空科技的相互介入兴趣倍增。我开始想一个问题:西方太空科技与当代艺术都很发达,但并没发展出与太空科技并驾齐驱的太空艺术。因为太空科技仍然是婴儿期;只顾把孩子养大,还顾不上别的。艺术只是拿来养孩子用的,如把太空服设计得更好看一点,舱内更人性化一点,或为太空事业鼓动宣传——都是科技利用艺术。到什么时候太空科技开始为艺术创作服务了,真正的太空艺术时代就到来了。早晚会有

这么一天的。

我预感到这个空间里有太多的可能性。随着地球上问题的增多,人类必须借助对外太空的探究以获得解决地球危机的参照,随着太空科技与常人生活日益贴近,这必将为艺术创作打开更多的思想空间。

推敲到现在,这枚艺术火箭要做什么呢?"徐冰天书号"一、二、三级箭体上布满了《天书》"文字"。子级箭在完成推进任务后,将与载荷舱分离,回落地表。这些"伪文字"随着火箭上天入地的经历,在火力推送、大气摩擦、箭体坠落等自然力量的再造中,呈现出独特的作品状态;它挑战人类能力与行为边界,将"创造艺术"的主体由地球人转向更广的空间再造,反映了东方人思考太空时与自然相合相生的独特浪漫。

按照火箭公司给的数据:一子级箭体将回到"理论落点",容易找到;二子级箭有可能掉到雪山里;三子级箭具体会落到哪里,就不知道了。工作室致力于寻回一、二子级箭体。如果二级箭找到了,由于山高路远拉不回来,我计划用卫星定位,将这段箭体实时监视图像引到展厅,与一子级实体箭并置,这也不错。我们还在主体箭卫星上,安装了一个5.5厘米边长立方体的"天书魔方"。卫星将传回魔方在外太空的即时影像,并传回太空之声。我执意要有太空声音传回,以圆"天书"之梦。35年前它面世时,就有人问《天书》有读音吗?我开玩笑说可能是打哈欠、打喷嚏的声音。

　　这个项目虽与"文字"有关，我却无意落在与外星人沟通的议题上，因为任何交流方式都是某部分生物群在同时空存在的前提下才生效的。如果某天真的出现了外星文明，那沟通的方式一定不是"文字"的。何况等我们收到的外星文明信号，不知它已是几个"文明"轮回之后的了。

　　由于创造"太空艺术"的主体是地球人，从而绝对的太空艺术是不存在的，这也许正是在悖论中为"无内容文字"寻找无声之音的意义。说到底，把艺术触角伸到外太空，解决的还是地球上的事，探究的还是人的局限。最终寻求的是新的、有效的哲学观。

　　其实很难说这枚艺术火箭是一件独立的、有创意的当代艺术作品。由于它的基本元素是来自35年前一件作品的想法，却被放在今天太空领域发展的新条件下，这"想法"在35年间世界巨变的各种因素之间滑动，从而使这枚"艺术火箭"的概念成为一个游移不定的东西。加之这枚火箭在形态上的"被命名"和被涂装，因为前所未有而占据了"新"，可这"新"并不具有艺术的唯一性，换别的艺术家也是一样的。也许只是由于某些条件，我获得这个机会罢了。这项目的难于界定，似乎对位了"'当代艺术'是什么？"的难于界定。它的作用也许只是为太空艺术做了一次演习，它更像一个过渡性的事件。我希望它能留下一种基因，等待并寻找新的土壤，长出与"母体"不同的东西。

　　纽约隔离期间，我开始通过网络与太空、区块链、人机材料科学家接触。我们按"天书号"火箭目标轨道的"星下点"轨迹，相对于地球上的地理位置、宇宙星球等概念做了多种概念分析图；我知道这都是艺术家臆造的"伪科学"，但我想以此刺激另一领域的人，从而开启对话。我开始意识到，这项目有意思之处，可能就是一群左脑不发达的人与右脑可能不太发达的人之间的抻力。当我们把自钻的"理论"讲给科学家，他们会带着认真尊重的口吻说"艺术怎么说都对"；无意间点到了"当代艺术"的某种特性。

　　科学家们在工作之余一定看过被称为"当代艺术"的东西，我想他们可能没精力去弄懂艺术为何成了这个样子。这些数据说话的人凭着对"人文"的尊重，也认可应该留着一部分专做无厘头之事的人——他们是"有艺术细胞的天才"；这类人善于直指科学还无力解答的玄虚问题，让人抓不住思路而心里没底，因此对"艺术家"就更佩服了。面对这些毫无严谨训练，可能文理成绩差才学美术的人的"科学"问题，换了谁都很难回答。

　　可以说人类文明的进步是在左右脑两类思维最佳配比的条件下推动的。左脑人群忙着整理、排序；右脑人群忙着打乱排序，因为只有在排序松动的情况下才有创造的缝隙。越是与科学家们接触，越是回到老话题里，就越不想把对火箭的思考定位在"未来科技""人工智能""科技艺术"这类即时髦又宏大的议题上。干脆，在世界人民都在被强制隔离的郁闷时刻，以艺术之名发一枚火箭，拔地而起，飞离这个有问题的世界，释放一把，也就可以了。我们在急速变异的世界现场中寻找项目基调定位的依据，从而方案难免受到各种因素影响而不断调整、改变和再对焦。

"天书号"批文终于下来了，这次是真的了。但发射日期一直从9月推迟到2月1日下午4点，且只允许我和两位拍摄人员进场，这意味着只有我一人按发射按钮。

我们马上设想新方案，越想倒越兴奋起来：在空旷的"星球"上出现几个泡泡屋……，一个身穿白色充气服（其实就是件白色羽绒衣），戴着N95口罩和护目镜的似人类动物，在泡泡屋之间游荡……无意间看到一个按钮台，按下其中一个……奇迹出现了！一声巨响，一颗火箭腾空而起……这情景超酷，是几个方案中最棒的！这个超现实场景，却现实地发射了一颗真的火箭。这是哪里？是地球吗？生物都去哪儿了？这个白色移动物是幸存者吗？或是从哪儿移民到此的？……完成发射，离开管制区，回到祖先世代艰难生存的广阔农村现场……这种反转性正是我要的。到此，发射这枚艺术火箭的理由才算到位了。

1月28日，我起程飞往酒泉，落地嘉峪关。第二天又接到通知：由于疫情，连夜发布了紧急命令，所有单位从现在起，与外界封闭式隔离。意思是：艺术家到了也进不了发射场了。我最先想到的是：那个酷毙了的"孤独点火"计划也无法实施了，可惜啊！于是到场的60余人都只能在场外观看，从原来的3公里观看点推至5公里以外。发射前，团队发现"徐冰天书号"几个字被一层东西裹着。我们向火箭公司询问，回答："那是保温罩，如果发射时温度达到5度以上就可以拿掉。"第二天气温回暖，出于对拍摄效果的考虑，工作室再一次要求拿掉保温罩，回答是："起飞后冲力会把保温罩冲开，没问题。"发射日气温升到15度，工作室一直在催促："目前条件完全可以拿掉保温罩。"我甚至从艺术创作的经验提出："一切都要简洁，多一种材料就多一种不确定。"最终艺术家的要求没有被采纳。

2021年2月1日下午1点，大部队出发了，车还没开出多远就得知，前边路段戒严，无法到达观看点。长长的车队等待放行，所有人被要求不许下车。我一秒一秒算着时间，小眼睛睁得老大，紧盯着那个小得像火柴棍似的火箭。直到4点15分，"火柴"终于被点着，火团变大，一根东西从烟团中升起，带出一条白烟，白烟越拉越长插入大气层，显出壮观景象；由于太远完全听不到声音，像看一部上了色的默片，我内心也是"无声"的激动。不一会儿白烟变成一条祥云，更是吉兆。我给友人发了几个字："发射了！成功了！"这时有人叫了一声，看！众人转向，只见远处升起一团烟尘，以为是一级箭完成推送，回到了理论落点。烟团越升越高，变成巨大的蘑菇云团。团队立马驶向落点，途中不时接到火箭升空后失利的说法。一般来讲，发射10分钟后，还没有卫星传回的信号就说明发射失利了。10分钟过了，我不得不正视这个结果。

进入沙漠，车队根据之前探点留下的车辙印辨别方向。回落的箭体已被警戒起来，除一台发电车的声外，没人发出声响。这是我第一次近距离看到它，它躺在那儿像是一只受伤的、等待处理的巨兽，原来它这么美。到此，寻箭的第一阶段任务算是完成了。我们还是按原计划，判断日出方向与回落箭体位置的关系，搭建泡泡屋；到什么时候都不忘美感的讲究……生起篝火……等待太阳从箭体背后升起的时刻。整个晚上大家围着篝火，掰着馕饼，喝着羊汤，说些不知道该怎么说的话。有人说："技术失败了，艺术成功了。"一听就是安慰的话。唯有摄影队说些高兴的事："拍到了一级箭下来的全过程，想想真有点后怕呢。"大家让我说两句，我脑子里是一片空白：团队同仁一年多的辛苦，能说什么呢？如果此时收到"天书魔方"在外太空的影像？新闻里播报着首枚艺术火箭成功入轨……，那此时的篝火晚会又会怎样？我挤出几句错乱的话："科学有点不靠谱，还是眼前这堆火靠谱，人类需要热量时能给到我们。"接着我又补了一句："唉！火箭不也是靠火的能量吗？"

太阳升起来了，远处还有一辆搜索车，我们过去，惊人的景观出现了：一个直径近28米，如月球环形山的巨坑，以它为中心，四周装饰着望不到边的、由白色粉末组成的"星点"。这是什么呀？是谁的"大地艺术"吗？

我们在一级箭体附近找到了带有《天书》笔画的残片，这能说明破损的部位；在环形山周边找到两块金箔，只在四级箭内"天书魔方"附近才用金箔。我们推测是二、三、四级箭体全部插进沙漠里，剩余的燃料在地下释放出巨大能量，将箭体炸成碎片后喷出，散落至方圆几公里处。

过了春节，终于等到了"SQX-1 Y2—徐冰天书号"飞行故障归零评审会。那天我不在京，于文德和工作室徐彦做为相关方代表出席。会议播放了多角度视频记录，评审组对事故报告做了评议，结论如下：

SQX-1 Y2 火箭飞行故障定位于理应脱落的一块保温泡沫在脱落后掉在了Ⅳ（四号）栅格舵上，在空气动压作用下引起Ⅳ栅格舵舵机堵转，泡沫在后续飞行过程中又从Ⅳ栅格舵被再次吹落，Ⅳ栅格舵恢复控制系统跟踪指令后，舵偏角在短时间内完成超过30度偏转，引起箭体姿态突变，进而导致飞行试验失败。

专家评议后，星际总裁彭小波首先问："徐冰工作室代表有什么要说的？"在这种情况下工作室的人真不知道该说什么。如果我在场也许会说：这种会能有艺术方面代表参加，已经是迈出一步了。这次技术上失利了，但你们率先把当代艺术与太空科技并行推进的实践了不起，这会随时间显示出来。

专家说："在火箭的冲力下，散落的保温材料只有万分之一的概率落到栅格舵上，比中彩票还难。""如果这块材料再延迟0.3秒烧尽，一子级箭与主体箭分离了也就没事了。"这些带有假定性的遗憾是不配写入归零报告的。报告标有"十年"字样，我想，即使再过几百年，"中彩"之谜也是无解的。千年的科技史比起从远古生物到智人精密进化的历史是太短了，虽然人类的科技能力在裂变式的增长，但科技的进步却让自信的人类步入误区中。我们相信科学能推算出失误所在；世界最终是可计算、可由数字或公式表示的。但事件链条中隐藏着的那些算不出来的成分：环境变化、时间巧合、文化因素、情绪波动等所有的一切，都在左右着事件走向的结果。从牛顿到爱因斯坦，简单说就是认识到了"物质扭曲的时空"纠缠的性质，"异常是常态"的哲学。

隐患反映在数据上，但真实原因却来自计算不清的地方。艺术的作用之一，即是为可计算中注入不可计算的因素，提醒人们知识之外存在的部分。真正的失利不是技术的缺失，而是认识缺失的失利。

这是我使用"？"最多的一篇文字，我想是由于我们闯入了一个陌生领域——像是掉进了一个失去判断支点的黑洞，也掉进了一个与社会现场近距离的纠缠中。好像事物的可控部分都被暗物质包裹着，这些都不许你继续使用可怜的旧知识和主观随意的认定方法，这与在工作室摆弄一件作品很不同。

回到项目开始时问自己的问题：当代艺术为什么要介入太空领域？科技是对自然规律唯一性不间断的刨根问底，其绝对性不依附于社会意识形态，而艺术是社会意识形态的反映形式，其艺术自律性的部分总是附着于意识形态的内容中。当然历史上常有意识形态的性质与艺术质量有落差的情况，但绝对游离于意识形态之外的"艺术"是不存在的，否则就转化成了科学的范畴。这是科技与艺术的实质不同，而二者相同点是都主张独立自由探索，却都难于摆脱为政治所用的命运。在这种纠缠中，政治又为二者发展起着催化剂或抑制剂的作用。

在这种关系里，我们又该如何考量艺术与火箭科技相互植入后能出现什么？陌生的双向互看，能看到单向度看不见的东西。从科学或社会学视角看《天书》等同于"鬼画符"，却也点到了艺术与诗歌天然的巫术的诱导性。所以有人说：科学看不见的东西用艺术看，反之亦然。其实这枚艺术火箭的命运和作用，突显的是当代艺术与一个有着自身严密逻辑的领域被另类插入，并搅动出原本没有机会浮现的东西。其实每个领域的挑战都来自如何利用和处理由于其他领域闯入而打破的平衡。

这个不能称其为作品的项目，像是为我打开了一个新的思想空间。就拿那个"环形山"来说，如果靠计划施工制造这样一件大地艺术几乎不可能，但一件理想的大地艺术却出现了。它不是安排所得，与艺术家原始意图不符，也不是人为与大地较劲的结果。这件"环形山"与"现成品艺术"或"偶发艺术"不同在于：后两者是策划了"偶发"发生的艺术，而前者是先出现了，再被"指认"的艺术。可以有一个"认领艺术"或"偶遇艺术"的分类吗？这又绕回到"什么是艺术""艺术来源于何处""谁有权认定艺术"等老话题上。当下正在发生的、游移不定的艺术现象，是以往艺术史的分类学界定不了的。有时非艺术计划的结果却"更艺术"。当代艺术就是依靠对自身在文明进程中作用方式的不断矫正而存在的。它本身就是个"变量"，像磁粉随着磁石的移动出现新的图案。随着人类计算和计划能力的日异强大，就更需要这种能力的反面，艺术常是充当这种作用的。

文章结束前，我想再回到"技术失败了，艺术成功了"这句话上来，因为以前没有机会想这个问题：艺术有失败吗？如果说"失败"是作品出来没作用，那什么算"作用"？好看、作者心满意足、材料技术创新了、价格上去了、引发了新问题？……无论哪一项都要归到对结果的反馈上，而所有反馈都是社会意识的反馈。换句话说，能唤起新感知的作品就是成功的。而每次科学试验结果的失败，都会验证出问题所在而启动思维的新方向，可以说，这结果正是艺术寻求的。艺术制造"无对错"，把人们带到一个新地方；科学通过"纠错"达到同样的目的。杜尚面对他用了八年时间完成，却在运输途中破碎了的《大玻璃》时说："我越看越喜欢这些裂痕产生的方式，它似乎有种意图。"运输技术无疑是失败的，但思想视野却被"去操控化"丰富起来。

现在，该发生的都发生了。这个构思严谨的"剧本"，一年多来从没停止过叠加故事而不断改写，在 0.3 秒内，从极度现实主义风格，变成了超现实或寓言风格。项目团队极其认真地去达到一个触手可及的目标，结果突然转向，令我们必须发挥浪漫想象的能力去收拾这结果。其实我们不怕面对"残局"并且善于收拾"残局"，这几乎成了我们的传统的一部分。在我们的文化基因中，储备了足够的修复能力，懂得从"不完美"中找到"完美结局"里没有的、可用的东西并试图用好。试错和修复就是进步。

徐冰的普鲁斯特问卷

你认为最完美的快乐是怎样的?
与心怡的人之间的会心一笑。

你最希望拥有哪种才华?
现在有的。

你最恐惧的是什么?
自己或家人落入恶人之手。

你目前的心境怎样?
一般。

还在世的人中你最钦佩的是谁?
一位不能说的人。

你认为自己最伟大的成就是什么?
还没有。

你自己的哪个特点让你最觉得痛恨?
对细节完美的苛刻追求。

你最喜欢的旅行是哪一次?
和女儿去加州山谷蹦极的那次旅行。

你最痛恨别人的什么特点?
装。

你最珍惜的财产是什么?
创作笔记手稿。

你最奢侈的是什么?
曾经有一位最好的母亲。

你认为程度最浅的痛苦是什么?
椅子坐着不舒服。

你认为哪种美德是被过高地评估的?
没有被过高评估的美德。

你最喜欢的职业是什么?
我现在的职业。

你对自己的外表哪一点不满意?
有点八字脚。

你最后悔的事情是什么?
从小就决心克服掉弱点,结果到现在也没能做到。

还在世的人中你最鄙视的是谁?

你最喜欢男性身上的什么品质?
低调与担当。

你使用过的最多的单词或者词语是什么?
"一个"。

你最喜欢女性身上的什么品质?
智慧与无私。

你最伤痛的事是什么?
在有些人需要保护的时候,没能做到。

你最看重朋友的什么特点?
牵挂着别人的人。

你这一生中最爱的人或东西是什么?
没有"最"却有很多。

你希望以什么样的方式死去?
在有准备却没有感觉中。

何时何地让你感觉到最快乐?
女儿与你分享对艺术和生活细节的看法。

如果你可以改变你的家庭一件事,那会是什么?
多养几个孩子。

如果你能选择的话,你希望让什么重现?
30 岁到 50 岁那段时间。

你的座右铭是什么?
提升把时间用掉的能力。

李成才

著名纪录片导演，中国电视艺术家协会行业电视委员会副主任。中国政府奖、国际纪录片奖、中国金融启蒙杰出贡献奖获得者，教育部中外人文交流特聘专家。

纪录作为一种
文化责任

参与文明进程的纪录片

42 岁拍《大国崛起》，45 岁拍《华尔街》，48 岁拍《货币》。李成才是在 28 岁时与中国一起，同国际纪录片接轨的。被镜头的力量震撼之后，纪录片成了他迷恋的东西。

拍摄《大国崛起》美国篇的时候，他发现，90 分钟的时长只能粗线勾勒出美国的发展。于是他决定以资本为切入口，更深入地解释美国，"美国这个国家的崛起，你是可以从华尔街找到一些因果关系的"，并期望以此反思中国的金融发展之路。

在探索金融领域的同时，李成才又发现中国许多人对经济知识还是非常陌生的。当时江西有一个农民，把家里全部的三万元积蓄藏到了牛圈里。结果牛把钱吃了，他只能把剩下的碎屑送到银行拼接，最后只折换了两千多块钱。

李成才听说这个新闻，心里起了一种抽搐般的感觉，"不能想象这三万块钱给这个家庭带来了什么样的悲剧"。

这使得他想通过纪录片做一些普及工作，让大众能够了解金

← 李成才在他的金融街办公室里
（2020 年 11 月 22 日）

→ 2014 年 7 月 24 日

融知识。于是《货币》应运而生，着重探讨货币参与社会变革，搭建社会秩序的过程。

对他而言，纪录片的创作并不是私人的，而总是与更多的人有关。他同意这样一个诠释：对一个国家而言，纪录片就如同家庭的相册。他看到中国曾经辉煌，也曾经苦难，如今又在高速地发展。纪录片作为科学的艺术，应该参与到这个进程中，帮助人民更好地了解历史与现实。他要做知识类和科学类的作品，因为这是必要的。"中国现代化进程不停止，我们用影像纪录世界文明的脚步也不会停止。"这构成了李成才永远的追求，"我希望这样的努力能够让自己的人生有一点意义"。

2014 年我见到他的时候，看到他的墙面上挂着托马斯·潘恩的肖像。这位美国的开国元勋，曾经写下一本不到五十页的小册子《常识》，极大地鼓舞了美国民众的独立精神。

一位自觉的文化战士

"做纪录片的人，需要是战士，不是战士根本不行。"

李成才说他自己是一个"很勤奋，很努力，很不知疲倦的普通人"。每天六七点起床，锻炼。一周至少锻炼五次，出差也不懈怠。48 岁以前，凌晨两三点钟前没有睡过觉的，一直在读书。他的工作室总是摆着一张长桌，上面是各种书籍，定期更换。因为纪录片导演"要学会阅读，学会研究问题，学会认知问题"，做每一个课题都要做好充足的准备。

除了读书以外，他还会用各种方式深入自己的选题。研究严复的时候，他去了严复的家乡两次。研究司徒雷登时，他去了位于杭州的司徒雷登博物馆和墓地，买了一束鲜花，在那坐了一会，因为"特别想进入他们的世界"。

这样的勤勉是父母用身教传递给他的，他们都不爱闲着，一直劳作。李成才记得自己的父亲在哪儿都是劳模。每逢亲戚结婚

→ 李成才与友人聊天，他身后是常年放满书的长桌（2021 年 5 月 17 日）

↓ 李成才在金融街工作室准备晚餐（2021 年 2 月 7 日）

时，父亲都是拿自己的奖品送给他们当作礼物。所以尽管不再在父母左右，他还是遵循着他们的简朴价值生活：做一个饱满的人，忙碌、奔跑。

"对我来说两个小时不是时间的概念，而是生命一部分的两个小时。"

个人品质之外，更深层驱动着李成才的，是他对纪录的眷恋和享受。年轻时他就在部队的政治部当宣传干事，拿照相机拍东西。对自己拥有的第一架相机非常痴迷，"特别愿意闻相机的金属味道"，"要抱着它睡觉"。他喜欢摄影的那种感觉，喜欢纪录的现场感，因为那样"可以看见很多的面孔，可以看见很多种声音，可以遇见各种各样的问题，还可以通过镜头把它们串联起来，变成故事去分享"。

对李成才而言，纪录片是所有体裁中最没有局限的，这同时意味着拍摄纪录片的要求也最高，需要同时掌握四种武器：摄像机、解说词、音效、特技。所以每一次他拍纪录片，几乎都是把命交给片子。他知道他向大众提供的是一种理性的文化产品，需要特别小心地处理。

怀抱着创作理想，李成才却视自己为一个天分一般的"乐手"——拼命地努力，演奏并诠释着别人的作品。但这并不是自苦之言，而是对伟大作品的由衷仰望。"我向他们致敬，然后我能跟随多少是多少。"对他来说，能够像苏轼，像贝多芬一样，把自己所认知的社会与自然做成个人化的音符表达出来，完全是"值得一往情深"的事情。

聊这些的时候，我正在李老师的办公室里吃着他亲自下厨做的晚餐。他动作利索，三下五除二就端出几碟小菜，还有汤和热包子。在最日常的情景里，他自然地谈起自己的执着和热情。我能感觉到他内心充盈着的文化工作者的自觉：期望通过纪录的方式向大众敞开，影响那些愿意与他一起思考、一起互动的人。

用植物讲中国

"阳光下蜻蜓扑闪，一片片绿油油的稻田，水彩蜡笔画万花筒都比不过天边那一道彩虹——罗大佑唱出了我的童年。"

李成才的创作从金融转向自然，有他自己的体会。从小在北方的农村长大，他非常明白自然的魅力所在，知道它对所有生命的滋养的力量。"植物给予我们氧气、土壤、食物、药材、器具，再想想竹子制成的书简和纸张——我们的文明就在它们的基础上发展而来。"

同时，关注自然也因为它在现时代的意义。在李成才看来，中国现在完成了最基础的温饱生活保障，需要开始关注心灵，关注我们从哪里来的问题。而中国的自然、中国人与自然的关系，就是中国文化的独特所在。中国传统的生命体验，果如庄子所言，是"独与天地精神之往来，而不敖倪于万物"。身处农耕文明，中国人总是珍视天地万物。汉字里面的草字头、竹字头、禾木旁、绞丝旁、木字旁、米字旁，都是植物；《诗经》作为中国第一部诗歌总集，里面提到了 136 种中国植物；中国文人高蹈乎山水之间的隐世理想；梅兰竹菊被视为君子的象征……凡此种种，不一而足。可以说中国文明的一大部分，都是用植物来表达的。

这在其他的国家是鲜见的，外国人甚至很难理解这种对植物的推崇。但是关于中国植物的创作在国内却还是空白的。"一部英国人写的《稻米全书》，一部美国人写的《茶叶全书》，这些耗费几十年心血书写中国植物的作品，都不是中国人写的。这给我带来了很大的刺激。"李成才意识到他有必要做点什么。仅拥有 4000 多种植物的英国，已然将自然题材的纪录片拍摄得极为成功，而中国的植物数量达到 30000 多种，却没有与之相关的作品。于是他决定聚焦植物，讲述中国的自然状况和生命的形态体系，并由此向世界讲好中国的故事。

从 2017 年开始，李成才和他的团队开始拍摄《影响世界的中国植物》。尽管充分了解植物的文化意义，但拍摄推进的重点还是

← 李成才在工作室与同事们一同审片（2022 年 3 月 1 日）

在于纪录片的科学性，意图探索和呈现植物的自然属性。团队两百人从喜马拉雅山脉走到太平洋，从北方的河流走到南方的小岛，遍访国内 27 个省的 93 个地区，海外 7 个国家的 30 多个地区，总共历时两年，记录了水稻、茶叶、桑树、大豆等 30 余种植物的故事。

片子拍完之后，李成才保持着一贯的谦虚和清醒。在一次演讲上他回答观众的问题，说现在自己做的片子与 BBC 纪录片的差距，是"全方位的"。从策划，到流程设置，到落地实施，从导演到摄影指导，到剪辑，到最终的声音画面的配合，整体上都还有距离。

听他这么说，那位观众又起身回复他："你说得有点谦虚。有一点你是远远高于 BBC 的，那就是对中国植物的感情。"

李成才非常感动。为着观众感受到了作品的美好与温暖，也看出了他在作品中倾注的情感。这让他相信关于生态的纪录可以继续——"我们还会做下去"，还想更多地去了解生命，探讨地球上物种之间的关系。《云南密码》《他乡植物》《中国的种子》《离天空最近的生命》《拯救濒危植物》……"奔跑，不给忧伤留下机会。"

重塑自然心灵

在做植物题材的时候，李成才怀抱着他自己对现实的关照。他看到，在人们拥抱了科技文明、工业文明和资本文明的当下，财富的力量被极大地发挥了出来，但是精神的需求却在飞速发展中被忽略了。人因此发现自己总是处在一种慌张焦虑的状态中，"表情严峻，分分钟都要见到输赢的效果"，就如同走钢丝一般。

摆脱执迷，寻找内心的安宁，重建中国人的生命观，在李成才看来非常重要和迫切。"现在我们对生命的敬畏远远不够，对科学的理解远远不够，对爱的理解远远不够。"他期望借由植物的尺度，为人们打开一个重塑心灵的角度。

→ 2022 年 3 月 1 日

改变世界的中国植物

镜号
SHOT   001

次数
TAKE

演
CTOR   李成才

ATE   2017.4.17

　　因此，拍摄植物并不简单是花花草草的事情，而是关切生命的解法。"做自然就是在做生命的哲学。"首先要充分认识到人在最基础的层面上是和植物一样可以归类的物种。赫胥黎当年为达尔文辩护，最后集合成一本书，名字就叫做《人类在自然界中的位置》。在同一条基准线上，从植物那一头反观自己，是有可能的。"尽管不一定成功，但至少试探一下。"

　　李成才看到，中国传统的士大夫就把心灵的问题解决得很好，不为世俗所累，处在安然与宁静中。这样的状态在今天的植物学家身上还能看到，他们与生存亿万年以计的植物打交道，自然世界单纯而优雅地在他们心中展开。

　　所以他希望能恢复一种向植物修身的文化传统，以获取心灵的养料。在拍摄的过程中，他就在塔黄身上看到一种力量。塔黄分布在我国云南省西北部以及西藏喜马拉雅山麓，海拔 4000 到 6000 米的高寒地带。一生只开一次花，为了盛开往往还要花费几年甚至几十年的时间积蓄力量。

　　寻找塔黄的过程因此非常艰难。李成才团队依靠着植物专家画的地图，兵分三路艰难摸索了三天，才在一个山坡后遇到了它。真正目睹的那一刻，李成才只觉得感动。塔黄的坚韧，完全与人类的品格相通。"在那么恶劣的环境下，还能长高至 2 到 3 米，又有那么多的苞片，一层一层的，真的像塔一样。"这种心灵与植物相契合的体验，这种由祖先承继而来的与万物相接的精神，李成才希望能够透过纪录片表达出来，从而让现代的人们有机会去体味。这是他一如既往的抱负："我生下来头脑是一片空白，然后它变得殷实，我又把这部分殷实传递了出去。"如果有很多人因为看了他的影片，对生活多了一份理解和关照，那将是他这一生最引以为豪的事情。

拍中国人自己的
植物纪录片[1]

中国人拍的中国植物

在李成才之前，国内除了十几年前陈晓卿拍摄的《森林之歌》，围绕森林里的动物讲述了生态系统之外，很多年都无人涉足植物类的纪录片拍摄。

哪怕是在全世界范围内，投入拍摄最多的主题是人，紧接着是动物，植物纪录片是最少的。而拍摄难度，却恰好相反。"一方面因为植物不会'说话'，另一方面它的行为和成长极其迟缓，周期耗时过长。"导演李成才告诉我们。

BBC 最早开始拍摄植物纪录片，比如《植物的私生活》《植物之歌》《生命》等等。只拥有 4000 多种植物的英国，却是最早觉醒的国家。中国的植物，已被认知的

有 35000 多种，是整个欧洲的 3 倍，却一直缺少一部像样的纪录片。

"《影响世界的中国植物》是把中国的故事讲给中国人听。"跟李成才固定合作的几十个人，是中国唯一一个拍世界题材周期长达 14 年的团队。2016 年的 4 月，第一个策划案完成。李成才一边拜访各个学科的植物学家，一边求朋友介绍有高海拔拍摄经验、有植物拍摄经验的相关朋友，102 位摄影师就靠"求人"组建成了。李成才苦笑说："没得挑，也由不得我们。"

除了外拍，还有一部分摄影师负责棚拍。虽然没有艰苦的环境，但要学会使用土壤、理解光合作用，每个人都要看完李成才列的植物书单，集体看 BBC 的自然类影片。

---

1 文章转载自《一条》，作者翔宇。收入本书时略有删节。

去青藏高原，探寻中国植物之"最"

青藏高原是拍摄的重头戏。因为它诞生了中国的水系，除了南北极之外，这里是第三极，很多中国植物，比如桃树、桑树的故乡，都在青藏高原。青藏高原这些长在4000米以上6000米以下的植物，比如绿绒蒿、雪兔子……成为此次纪录片中拍摄难度最大的一批植物。"光在这里待着，都是对摄影师的挑战。吃、喝、拉、撒、住，一切都是问题。"让李成才印象最深的是拍摄塔黄的经历。通过多年的生长，塔黄才能开花，这是它的成人礼，也是它的死亡仪式。塔黄生长在青藏高原偏远地区的流石滩上，这是中国非常有特点的一种生境。四周都是碎石，连只蚂蚁都很难见到。高原环境恶劣，传粉的昆虫种类极少，生长在这里的植物普遍存在传粉难的问题。但塔黄在自然条件下繁衍种子的成功率很高。

李成才说："拍摄塔黄的内部时，几个摄影师都震惊了：像玻璃一样的透明苞片，形成了一个天然温室，昆虫在里面繁衍。就是你给我一套房，我就能繁衍下一代。"拍摄时正值雨季，为了找到塔黄，队员们两个人一组，分成三路，花了整整三天，寻遍了整个山沟才找到。要记录它的生命历程，摄制组需要不停地变化拍摄地点。

为了驮运设备，摄制组找到藏族牧民把马借给了他们。正准备抬设备到马背上时，这匹马突然一跃而起，马脖子上刚栓的绳子竟缠住了录音师的脚，被拖拽出五六米远录音师才挣脱出来。

历经三个月，摄制组不仅拍摄到了日照中的塔黄、雾中的塔黄，还有雨景、冰雹、彩虹等生活在各种独特生境里的塔黄。李成才说："塔黄的美，在于她的坚强，4000多米的海拔，蛰伏四五年之久，只为了能够生存和繁衍。这一点和人类是一样的。"

但即使做好了拍摄前的一切准备和调研，依然有遗憾。"夜景的塔黄，就没有拍到。可能是时机不对，可能是弹尽粮绝。"

奔赴其他地区的摄影师也遇到了困难。有一组人来到非洲马达加斯加，拍摄黄花蒿是如何引种的。这里是一个疟疾区域，摄影师们赶到后又碰上了鼠疫。另外一组人拍茶树时，下山赶上了暴雨，只能从山上往下滑，一不小心滑到了马蜂窝上。

拍摄团队有一位女导演叫周叶。很多人问她觉得拍摄艰苦吗，她的回答是："我实在无法表达你们问的艰苦是指什么。在我看来，在密林深处和蚂蟥打交道、和蛇打交道，都是拍自然类影片中最正常不过的事情。"

为珙桐开花搭建6米高摄影棚，超高速拍摄桑树的弹粉瞬间

在所有植物的拍摄中，珙桐的拍摄是

最复杂的。珙桐是第四纪冰川之后保存下来的"地球遗民"。珙桐花开时，两片垂下的白色苞片形似鸽子，也被称为"鸽子树"，在适宜的温度和阳光下才会开花。拍摄之前，最重要的就是掌握珙桐的开花时间。

摄制组提前一个月到了峨眉山，观察珙桐开花的时机，摄影师更是提前半个月就蹲守在山上，熟悉环境。植物专家到了现场考察后，最终挑选了一棵可能开花最早、花朵最饱满的珙桐树。

考虑到珙桐树非常高，摄影师也需要长时间"蹲守"，所以搭建的延时拍摄棚非常大胆：一个距离地面 6 米高的拍摄棚。大家先在地面距珙桐枝条近三层楼高的位置，用装修的脚手架叠加了四层，每层再用简单的铁丝进行稳固。摄影师亲自动手做幕布。

在这个"简易"的摄影棚里，有三个机位全面记录了珙桐的开花过程。因为担心珙桐的采光不足，还安置了生长灯和加湿器。

"前后一共花了两个月的时间，珙桐开花的全部过程才第一次被展示在全世界面前。花朵竟有人脸那么大，大家都惊呆了。"

桑树拥有植物界最快的弹粉速度，曾有研究人员计算过是每秒 200 米，"相当于手枪子弹出膛的速度"。同样是靠风传播，松树花粉靠的是气囊，而桑树花粉只能凭借自身的爆发力，将花粉尽可能远地弹射出去。

为了拍到桑树弹粉的瞬间，摄制组剪下了桑枝，养在自己家的花瓶里，铺上蓝布，打上灯，每天观察。李成才说："弹粉速度太快了，即便不眨眼地盯着，也只能看到花粉喷射出来，根本捕捉不到弹射的瞬间。"

如此快的弹粉速度用什么设备才能记录下来？摄制组先用手机设置 10 倍慢速，效果不尽如人意，后来又用高速摄影机，但成本过高。观察两轮之后，决定先实践。

当时北京的桑树雄花弹粉已经快结束了，很难再找到成片的雄花。大家只好连夜驾车赶往承德，那里的温度比北京低，桑树刚刚开始弹粉。

"找到即将弹粉的桑树，从凌晨五点开始盯。摄制组分成两班：一班守在摄影机前，盯着屏幕；另一班守在树下，盯着雄花。"虽然温度渐渐升高，但镜头里的几朵花却不见动静。"当时大家都挺绝望的，唯一的办法就是给自己希望，忍着。"

直到下午五点，一朵雄花突然绽放，像弹射开关一样。"从大家的表情上看得出来，很兴奋，但没人顾得上说话。"能够拍摄的时间，只有短短的半个小时，光线变暗之后，雄花就停止了弹射。

"最终也只拍到了 10 个镜头，但这个瞬间太美妙了。"

究竟是哪些中国植物，在影响全世界？

"中国人不了解中国植物，不知道中国的植物究竟有多厉害，这是一件挺令人难过的事。"这也是李成才做这部纪录片最大的动力："能拍植物，我就绝对不拍人。"

中国汉字里，草字头、木字旁的汉字太多了，以竹为偏旁的汉字，在《辞海》中大约有200个。《红楼梦》里没有植物，《红楼梦》是不存在的。《诗经》里没有136种植物，《诗经》也是不存在的。

时尚界用到的丝绸，就来自中国的桑树。李成才说："假如评选最受人类尊敬的植物，桑树应该当选，因为它塑造了人类的审美，提供了人类的记忆工具。"对西方文学和西方绘画艺术史影响最早的一种中国植物，学名叫蜀葵，是最早被引种到西方的花卉之一。它曾出现在梵高、莫奈、提香的绘画中，被当作一种信仰。不同的植物，被带到世界各地的方式也不一样。最特别的是，有一类人是刻意来中国寻找植物的，他们大多集中在湖北、四川一带，被称为"植物猎人"。英国人威尔逊，他花了12年的时间到中国寻找鸽子树（即珙桐）。他认识中国4000多种植物，其中有1500多种被带出了中国。

中国植物太伟大了，不是我，也会有其他人来拍摄

影片中最突出的一个标志，是李成才并没有用宝盖头的"它"，而是用女字旁的"她"，来指代镜头里的植物。"植物是万物的子宫，孕育了万物，而女性离生命最近。"

拍摄一部关于植物的纪录片，是李成才很早以前就想做的一件事。他的童年，是在河北唐山的长城脚下度过的，放眼望去都是植物。

到城市生活之前，他并不觉得童年的生活有多可贵："急着奔跑，急着逃离家乡，也不懂那叫诗意。偶尔回头望，我主观地认为我的审美，来自我儿时的成长环境。"

除了摄影师，影片中也请到了很多中国一线的植物学家作为顾问。而102位摄影师也因为熟读植物学方面的著作，最后变成了半个植物学方面的专家。"我总认为不是我，将来也会有别人来拍摄植物类的纪录片。"

他相信纪录片的力量："我特别强烈地要求在城市里面生活的人，赶快补上这一课，因为只有真的了解了植物，才能知道世界的丰富和美丽。"

李成才的普鲁斯特问卷

你认为最完美的快乐是怎样的？
我老了以后，还能认为自己的作品是有意义、有价值的。

你最希望拥有哪种才华？
令人称赞的文字表达。

你最恐惧的是什么？
怀疑自己。

你目前的心境怎样？
随时随地准备劳作。

还在世的人中你最钦佩的是谁？
埃隆·马斯克。

你认为自己最伟大的成就是什么？
一部部的作品。

你自己的哪个特点让你最觉得痛恨？
不够专注。

你最喜欢的旅行是哪一次？
瑞士攀登勃朗峰。

你最痛恨别人的什么特点？
撒谎。

你最珍惜的财产是什么？
大脑。

你最奢侈的是什么？
书。

你认为程度最浅的痛苦是什么？
思念我逝去的亲人。

你认为哪种美德是被过高地评估的？
政治家。

你最喜欢的职业是什么？
老师。

你对自己的外表哪一点不满意？
驼背。

你最后悔的事情是什么？
没有。

还在世的人中你最鄙视的是谁？

你最喜欢男性身上的什么品质？
善良。

你使用过的最多的单词或者词语是什么？
别逗了。

你最喜欢女性身上的什么品质？
善良。

你最伤痛的事是什么？
母亲离去。

你最看重朋友的什么特点？
才华。

你这一生中最爱的人或东西是什么？
自然。

你希望以什么样的方式死去？
累死。

何时何地让你感觉到最快乐？
自己作品被人由衷地喜欢。

如果你可以改变你的家庭一件事，那会是什么？
一起读书，一起旅游。

如果你能选择的话，你希望让什么重现？
童年。

你的座右铭是什么？
一边祈祷，一边劳作。

许知远

媒体人、作家、『单向街』书店品牌创始人、访谈节目《十三邀》主持人。

撰有《青年变革者：梁启超（1873—1898）》《那些忧伤的年轻人》等多部作品。

2006年，许知远与朋友们创办了单向街书店，2014年书店变身为一家综合文化科技公司——北京单读科技有限公司。

为自由与伟大
而创造

始终对时代保持开放和怀疑

披着一头蓬松的卷发，穿一件胸前开两个扣的白衬衫，牛仔裤配拖鞋，屁股兜里卷一本书，这是许知远特有的辨识度极高的打扮。他真的是书不离手，利用一切碎片时间读书。阅读的速度也很快，记忆力惊人。那些零星繁杂的人物、细枝末节的冷知识、印象深处的字句、遥远沉默的历史，借由交流中的一丝火花，他就可以在自己的记忆宫殿中精准并且完整地提取出来。

这是上帝给他的礼物，让人羡慕。我问他是否有什么记忆的窍门，他得意地说，"我就是干这个的。"

如此出众的记忆能力除了天分以外，还得益于他多年的写作。许知远是作家，常自称是个不合时宜的作家。这种不合时宜主要来源于他对理想主义的一贯坚持：当年上北大就是受到五四运动的影响；以为一个年轻的知识分子就应该和社会保持距离，应该批评社会、提出方案，寻求一些超越现实的理念。"我一直相信，作家应该承担一种道德责任，他要质疑批评现行秩序，鼓励公众重新思考自己的生活。"

对许知远来说，保持这样一种距离感和不安感是非常重要的。在自己写的书里，他最喜欢的一本是《一个游荡者的世界》，因为他喜欢在世界各地漫无目的地旅行，像浮萍一样飘来飘去。他相信飘荡不安能够让人意识到其他的可能性，觉察到了不起的事物的存在。由此他渴望与一种伟大的传统发生关联——像伟人一样广泛而深刻地思考，写出作品，改变世界。

然而又不止于写作，许知远还做了很多其他的尝试。2015 年我和他在哈佛见面时，他正在拍摄一个讲述"未来"的系列纪录片，从西岸到东岸，采访了十多位各领域的大牛，为他创办的"单向街"出品的"单读"和"微在"提供内容。这两个新媒体 APP 曾一度在苹果商店排名首位。早年的闲谈一一实现，他说他"彻底被创业这件事儿改变了"。

媒介的改变拓宽并丰富了他对思想理念的表达，但没有改变

他对自己价值观的坚持。尽管从报纸转到了各种技术手段上，但价值选择从未改变，他一如既往地抱有好奇心，确信个人自由选择的能力，并且保持对不公的愤恨。

"你想想我们学到的两句英文最有用了，一句是'so what'，一句是'who cares'。你就是太在意别人怎么看你了，其实又有什么呢？"许知远一边喝着一杯 Napa 的白葡萄酒，一边对我说。这种自信与自持，就是他的标志。

临告别时，他又问我："你看还是像我们这样吊儿郎当的朋友，反而比较靠谱吧？"我反问为什么，他回答说："因为这么多年，价值观比较稳定。"

许知远在哈佛 Peabody 宿舍做引体向上。他呆过的地方，总像是被打劫过一样地混乱，但是出门前，他一定要熨烫整齐衬衫……然后，开两个扣子，露出胸膛（2015 年 7 月 28 日）

《十三邀》中的对话者

有一回和许知远喝酒的时候，他提起他想做一档访谈节目。我开玩笑说凭他的屏幕形象恐怕很难吸引观众。现在看来，显然是我有"审美的偏狭"。

《十三邀》获得了很大的成功。许知远带着他特有的知识分子姿态，遍访名家。按照他的说法，带着偏见看世界，同时，又通过一场场睿智的对话，修正着自我和他人的偏见。

他通常会和接受访谈的人相处几天的时间，便于进行深度的交流。被访谈者也拥有相对充裕的时间，将自己的思想较为完整地表达。节目还通过跟拍的镜头，对被访谈者的生活、工作或者正在经历的事件，作一些捕捉，呈现更真实更立体的人物特征。在采访的共鸣或分歧点上，还会穿插一些许知远个人化的解读，让节目的信息量更加丰富，观点也尽可能多元。

经过节目，他开始对社会的各个层面有了更多的了解，起初由于陌生而产生的防御性警觉弱了很多。同时，自己内在的自信也得以重建，"一切反而坚定起来"，他更加明确自己身处一个过分娱乐化的时代所应当保持的清醒。

在与不同与谈人的碰撞中，许知远的特质表露得非常明晰。他对时代的进步、人文的精神、崇高的文化有着矢志不渝的信念。因此他持续保持着对大众娱乐的怀疑，并对身在其中的人物提出自己的问题。或许由于从阅读中获得的知识，或许由于他一帆风顺的人生经历，或许由于他对于自己微小生活的掌控感，他怀有一种深刻的乐观主义精神，并且对改变世界始终抱有信心。

在这个意义上，他一直是异见者。恐惧着所有大风过处的"寸草不生"，愿意俯首耕耘一个个绿洲。

与陈嘉映的谈话将了时，陈嘉映笑着说："许知远，你真了不起。"

许知远回："这么幼稚（还）……可以保持幼稚是吧？"

"对对，真的好，许知远。你真愿意聊这些。"

《十三邀》的成功，除了许知远的个人魅力以外，节目制片人李伦亦功不可没。

《十三邀》节目的时长一般在半小时到一小时左右。在这个短视频盛行的时代里，李伦带领节目组勇敢地挑战了大家快餐化、碎片化的视频观看习惯。在摄制的过程当中，还保留了一点非专业的影像风格，刻意保留一些"尴尬"的时刻，打破传统影像叙事模式，呈现一个真实有效的场景。这些尴尬或者摩擦意味着对话双方在不同领域的试探和深入。对于观众来说，他的惯性会被这些停顿不断地打破，从而感知到个体与个体之间的边界。

钱理群：

"你仔细看，风来了，它就在那微微地飘动。

总体是非常宁静的，是凝固的。

但它凝固当中，你仔细看那个树叶，它在悄悄地动，很有意思。"

许知远抓到重点，进行发问：

"我们时代在变化不也是这样么，整体看不出来在变化，但（个体是在变化的）……"

钱理群打断了他：

"不，别想这些，别想这些，别想这些。

历史文化我们想得太多了。

它（其实）就是当你和自然相对的时候，你内心的一种感觉。"

许知远停止了发问。他们默契地坐在公园长椅上，陷入美好的沉默。

这也是很多观众认为节目可贵的原因，《十三邀》不是一个不出错的精致访谈，而是一场会出现拒绝、回避乃至失败的沟通。

如今《十三邀》也从线上走到了线下。借着品牌的知名度，索性在秦皇岛阿那亚开了一个"十三邀小酒馆"。这也算是部分满足了许知远开一间夜店的愿望。

← 许知远在今日美术馆"寻找隐匿的天才：薇薇安·迈尔"展览现场（2021年6月9日）

创业——一种自我确认和社会重建

在和西川的交谈中，许知远问了西川一个问题：如果认识到自己的局限，那怎么面对成为伟大的欲望呢？西川给出的答案是："如果没有足够的才华让你接近伟大，那么不妨面对现实，去尝试其他的道路。"

已过四十的许知远显然正在面向现实。早年有一回他放了两本北岛的诗集在我堆满商学院案例的桌上，"有空读些诗吧，少看些案例"。北岛有句话："向云雾飘荡的远方眺望，其实啥也看不到。生活的悲欢离合远在地平线以外，而眺望是一种青春的姿态。"

现在他对这种 young spirit 有了更深的理解。"鲍勃·迪伦、伍迪·艾伦，他们到七八十岁仍然能创作，是因为他们首先有丰富的感受，才能够维持自己的那种 young spirit。"但是又不能仅仅拥有少年感，还需要有一个成熟的过程。"如果到了 45 岁仍然是一个未经成熟的 young spirit，是很不好、很糟的事情。"

如今他已经接受自己创业者这个角色了。尤其经过疫情，他更明确地意识到："应该做一家商业上成功的公司，这会使我们的理想更坚固、更可以维持。"

与之相应的便是很多具体的事情：他希望单向书店可以存活一百年，成为传奇；希望《十三邀》是有意思的，是五年之后仍然可以观看的节目。这些事尽管都不一定通向伟大，但是他现在确实"就想把眼前的事做好"。

他看到来书店的人里有了更年轻的一代。"他们小时候来书店看书，现在带着他们的小孩儿来书店看书，这时候你会觉得你做的工作是有意义的，是有价值的。"单向空间为他们提供了思想生活的空间，"通过这种方式具体地帮助到他人，这是很大的幸福"。

更自觉地提供一些多样性，让年轻人看到生活的更多可能性，在他看来可能也是他对下一代人的一种责任。所以在接下来的二十年时间里，他准备像一个农民干活一样，"下地、种地，每天种一点，我现在就这心态"。

← 许知远在北京单向空间酒吧
（2021 年 7 月 2 日）

← 许知远在哈佛 Peabody 宿舍
（2015 年 8 月 14 日）

这种沉稳实践的内在核心，依然是许知远对崇高性、深刻性的崇拜和向往。"这没有任何改变。"他花了非常多的精力去写梁启超，实际上是为了探寻他一直感兴趣的话题，即通过一个人，去理解一个更复杂变化的时代。观察时代中的个人如何不被时代吞噬，在逆境中绽放出强烈的光辉。

尽管可能达不到所敬仰的伟大作家的状态，但许知远依旧在乎荣誉。这种荣誉不仅在于获得别人的尊重和认可，还在于在历史传统中取得一定的位置。在他看来，能够走在这条道路上，就是他行动的最大的动力。

无论社会环境如何变化，他对理念的追求没有变，对理想主义也没有怀疑。"想要创造更高级的事物，有一种超越自我的渴望。我对这个始终有信心。"这是许知远对自我的不断确认。

所以创业这个概念对许知远而言，不仅是对理想的支撑，也是一个宽阔意义上的创造。中国正面临着各行各业的挑战。"如果人们在此关头能够拓宽自己的眼界，把狭隘的商业创业热情转变成更广泛的社会重建，一定是一件非常激动人心的事情。"

对亚当·斯密、亨利·卢斯、梁启超、张元济的阅读激励着许知远，使他了解到历史上的启蒙是如何依赖商业组织而运作的。他的单向空间在 2021 年迎来了 16 岁生日。书店本不易经营。疫情期间收到的来自大众的支持，使他受到很大鼓舞。他意识到单向空间已经是一个有号召力的存在，他有责任把这个品牌和空间持续下去。

许知远的寄望是美好的："我们不喜欢书店作为一种悲情的存在或者作为一种防卫的姿态，我们希望它很自然、自由，但同时它是很自信的，对自己有拓展性。"所以单向空间不仅仅有书，还有沙龙，有水手计划，有单向街书店文学节。

2006 年 3 月 5 日，诗人西川在单向街做了第一场演讲，随后，洪晃、陈冠中、阎连科、廖伟棠、莫言、严歌苓等人纷纷来到沙龙。这种让思想以面对面的方式传播的文化活动已经举行 6000 多场了。

→ 许知远在北京朝阳东风艺术区北区的单向街书店（2021 年 6 月 10 日）

2018 年 8 月，第一届水手计划启航。项目通过资助青年创作者们去往海内外旅行，协助他们的创作，从而帮助他们重新发现世界，把新的全球想象带到汉语写作中。2020 年 5 月《走出孤岛：水手计划特辑》正式结集出版。

2021 年 12 月，第七届单向街书店文学节在杭州举办。节日为期三天，作家和学者汇聚于此，建立起一个公众空间，供来访者进行深度的对话，产生滋养灵魂的思想。

如果一个声音真的值得被人听见，许知远希望借助这个时代的技术和商业，尽可能地帮助理念广泛地传播出去。他相信他做到了。单向空间如今对很多人来说不仅仅是一个单纯的书店，而是一种理想的物化，大家都喜欢它作为一个活跃的精神因子存在于身边。

2021 年 6 月 18 日

十八问许知远[1]

随时阅读，随地游荡

你说之前看书都是乱糟糟地看?

我现在也乱糟糟地看。我现在做一个关于书的 podcast，然后就会去读一本书。那个书都是我随机选的，根本就没有读过，都是在现场读。它现在变成一个新的阅读方式。我从书架拿起一本书，我开始看，开始读其中的一个段落，慢慢理解这个段落什么样子。这个强制性的阅读，有点像 VC 突然给你摄入的感觉，也挺好的。你强行摄入，在这一刻不会有什么反应，可能会在半年之后，一年之后突然冒出来。所以我现在阅读越来越像一个超文本链接的阅读，完全是非线性的。我觉得过去两三年吧，我找到了一个新的更立体的阅读的方法，但我也不知道立体会变成什么样的东西。

我读不进去很多东西，所以我的阅读一直是以一个非常随机杂乱的方法进行的。这段时间突然对什么感兴趣了，看这方面的书，看着看着就过去了，然后另一个阶段就开始了。(这种混杂的方式)有时候你会有一种广阔感，你读到很多东西，它的另一面就是你会觉得浅薄，对每件事物都没有深究。我的阅读趣味很大程度上是被杂志塑造的。

1　本文内容节选自《人物》《36氪》《硬核读书会》《混沌学园》《纽约时报中文网》《吴晓波频道》《Kindle 读书》《红板报》《虎嗅》《正午访谈》等媒体对许知远的采访。

我们还是要读书。

我和罗翔在节目里说"就是被这些书害了一生",那是开玩笑。不会有更好的一生了,幸好书籍拯救了我们,要不然人生多无聊。你可能会少很多纠结吧,但你会被一些无法言说的纠结所(困扰),你会缺乏自我分析能力,被一种普遍的社会情绪操纵。也许你可以自我欺骗,但也可能被突然颠覆掉。

不过不要因为读了点书就 self-pity(自我怜悯)。现代世界里个人是必然痛苦的,因为你生在永恒的矛盾之中。我们干嘛要夸张呢?因为读点书就更容易痛苦?那你去送送外卖,看看痛不痛苦?

你讲过,你有一种亲密感的焦虑。

我觉得我好像需要一种始终存在的自由感,随时可以开始另一种生活,随时可以去另一个地方开始另一场行动,而且这个过程中你不需要太多的牵绊。不一定要做这个事情,但是对这种可能性有极大的依赖。如果生活中丧失这种可能性,我会觉得非常不舒服。

2020 年,你在日本待了半年,还出了 40 集的《十三游》纪录片。这是计划好的,还是一次疫情原因的意外?

我们准备做一档关于日本历史的旅行节目,我正好就去了,但因为疫情原因机票很难买到,回不来。本以为夏天会结束的疫情持续了那么久,原本计划在日本待一个多月,最后变成了半年多。

对于我来说,这是个很难忘的时光,一种被流放的感觉,因为疫情而流放。那段日子,给了我一些思考,关于生活本身的。我要更充分使用我的时间,因为一切随时可能被中断,被闭合,让你没有机会做那么多尝试。如果你有新的机会去做尝试,赶紧去做吧。

这些年,你常提到"浪荡""探索"这些词汇。

我偏爱游荡的价值观,它带来一种自由,一种意外,一种可能性。游荡给我带来的喜悦,不会像以前那么兴奋了。但你会找更深层次的感受:你看到的景观背后,人们的挣扎是什么?为什么变成了这样?它未来又会成为什么模样?

但你通过一张报纸、日报,能看到更广阔的世界,两者是并存的。去了当地之后,不同的历史事件,交错和压缩在一起,和书籍完全不一样。你会看到每个人,普通的人,作家、艺术家,生活在怎样的社会中。这些都让人着迷。

理想落地,多重生活

咱谈谈创业的事,为什么会创业?有什么故事?

一拍脑门决定的呀,我一直有开书店的梦想。我在北大读书的时候,我的周围就有万圣书园、风入松书店、国林风书店等等。逛书店是我大学时代非常重要的部分,让我成长的一个过程。很多个下午、晚上，我都是在书店里过的，因为它比图书馆更开放，然后有很多新书，都是开架，可以在这儿读。

对于年轻人来讲，这样一个书店是非常温暖的，也是让人鼓舞的。那时候，我觉得我长大之后也开一个书店就好了。到2005年，我们几个同事一起辞职了。当时我还算是一个挺少年得志的一个年轻记者吧。离职后有一个短暂的空档，我觉得，哎呀不行，我们就开个书店吧！开书店当时一年租金10万块钱，几个朋友凑一点钱，然后又凑了几个同事，几个朋友，一开始凑了5万，后来又加了5万，变成10万，变成13个人做这件事情。后来这些朋友跟我说，当时觉得这个书店肯定会倒闭嘛，如果第一年不倒，第二年肯定会倒，当时他们就觉得好像陪我来玩一下。

然后他们有一天突然感慨说，竟然过了这么多年还没有倒，不但没有倒，而且我们确实从1个店员的书店，现在变成了100多人的公司，有5家书店，还有不同的文创产品，生产自己的音频、视频，出版自己的书籍，而且能够为其他的独立书店提供一个更完整的概念。我们实际上挺像一个小的复合体，所以变成今天这一步是非常意外吧。

为什么它一直没有倒？里面确实有很多谜。我的合伙人起了很大的作用，我觉得一部分也是因为我们确实坚持了某些价值理想，这个理想又跟这个社会的一小群人的内心需求契合。我觉得经常是无名的读者们帮了我们很多忙，使我们坚持到现在。

当然我也非常感谢我们的投资人，挚信资本，他们对我们有一种非常不可解释的耐心和信心。他们觉得单向空间会成为青年文化的一个代表的符号，所以他们毅然决然地给我们投了一大笔钱。我们在不知道怎么花的情况下，乱花了一部分，然后慢慢找到了自己的商业模式。

怎么看待自己从人文到商业的转变，你觉得这是一场什么样的旅行？在对自己理解时代方面，创业经验是如何擦亮知识经验的？

我也没有太多的转变。对我来说，写出一本好书还是比创办一家公司，更有乐趣一些。但商业实践，的确给予你另一些训练，帮助我对社会心理有了多一些的理解。我和朋友一起创办了一家书店，如今在试图把它连锁化，并寻找出一个更可持续、不依赖于卖书的书店空间。另外，我们还有一家新媒体公司，出品的"微在"是为年轻一代的华语读者服务的。它的内容与形式有点借鉴美国的 BuzzFeed。我们相信，每次技术革命都会带来新的语言与思维的转变。就像，我们这一代仍旧是被印刷语言所影响，社交媒体正在塑造出新一代人。但中国与美国的文化环境不同，"微在"试图寻找到独特的中国社交语言习惯。

你做单向街也有好几年了。你觉得单向街创办到现在对你影响大吗？

大。他是我人生第一次背负这么重的责任在身上。所以我必须让它维持下去，让它变得更好。

你现在有很多重身份，有很多的工作，你是怎么平衡自己的时间，让学习和产出保持在很高的水平？

保持不了平衡，非常混乱的。我相信梁启超也经常一团混乱，很多仓促的决定、仓促的写作，但历史有很多过滤器，过滤完之后，你就看到好像梁启超做出一连串连续的行动，变成这么一个人。其实不是的，历史现场中充满了慌乱，也充满了偶然性。我的生活更是如此了，写了很多不该写的文章，做了很多错误的决定，然后生活经常失衡。每个人都这样，但是你要抓住一些可能会让你的创造力迸发的时刻，你抓住它，把它记下来，或者说描述下来，它是我们生活中决定性的瞬间。最后你的人生是由决定性的瞬间构成的。

穿越观念，步入现实

过去几年开书店、做播客、做《十三邀》、写书，都是出于对陌生的好奇？

对，我有嗜新症。我老是期望被 surprise（惊喜），我需要惊奇感。可能心理比较幼稚吧（笑），小孩才需要惊奇感。

《十三邀》给你带来了什么？

《十三邀》给我很多改变。我以前处在一个理念的世界里，采访的大部分是学者、作家。但这个节目让我接触到更多形形色色的职业、不同背景的人。他们给了我看待世界的不同的维度。你会意识到在不同的环境、时空里，都有人用自己的语言、方式来应对。你会对自己产生怀疑：之前是不是太自以为是了？

比如我真的看到了王宝强的生活，他周围那些群演，他们在里面创造一种新的可能性。比如罗振宇讲他的芜湖经验，少年时代要离开故乡，争取新的机会。我们在北京生活的人天然有很多好的条件，是不容易感受到这些的。

人生就是一个接受之前不接受的东西的过程，而且应该带着喜悦。有一个浪拍过来，就在上面冲一下咯，被打下来就再爬一下好了。

这些经历让我获得了一些新的现实感。如果你觉得我现在的说法老套，可能就是这个原因吧。现实感不是庸俗化，是对现实的环境有具体的判断和感受力，这样你才能追逐自己最初的梦想，否则你非常容易受挫：要么觉得理想是有问题的；要么就是非常高昂，变成自我姿态的俘虏，"我非常理想主义"。理念如果不经实践和测试，不会茁壮成长，永远只是个借来之物。我做了密集的尝试，它们并没有背叛我内心的想法。并不是背叛。

《十三邀》里的哪些嘉宾，让你接触前觉得很有压力？

过去，我不知道怎么跟演艺人员聊天，演员的世界不太懂。后来就习惯了。其实人和人的交流，最后都是类似的。

早年我做记者采访的时候，大多是思想家、哲学家、经济学家。他们观念就是他们的场域，他们靠观念生活，所以我们就是在交流观念。做这个节目，不能只靠观念，需要具体的行为、经验，这些会扩展你的观念世界，让它变得具体。一开始，我有点笨拙，用很多书面的语言，现在能和小摊贩聊，可以闲扯，问你一个月挣多少钱，你做这个累不累啊，早上起来干嘛了。我现在很擅长闲聊天，任何东西、任何人，我都可以聊一聊。

接受自己是这样一个即兴的人，这是《十三邀》带来的一个变化吗？

是一部分吧，是《十三邀》和创业都带来的变化。创业公司你要面对不同的人，不同的压力，它会让你去理解知识到底跟实际生活的关系是什么。然后这个《十三邀》节目当然也是一部分了。我要更高强度地面对不同领域的人，所以它会逼迫你去更迅速地理解不同领域，不同的方式。它们都会带来一些微妙的催化。

跟时代也有关系，时代气氛的变化。因为我们不能够僵化地保持某种方式跟时代对话，那样的话会是一种懒惰。对自己过去更着迷的那种书面表达，一方面不那么确信了，另一方面其实更确信了。我不那么确信就是意识到你应该有更丰富的一个表达；更确信的就是你意识到即使不同的媒介更换、时代情绪变化，大家对各种深入的或者书面式的思考仍然感兴趣。

保持乐观，耐心行动

生涯早期，你的文学和刊物都透露着一种

理想和坚守。现在，你比过去更具有话语权，怎么看待早年的那段时光？

我和过去没有本质的变化，还是那样一个人。《十三邀》不管请了多少娱乐明星，仍然在扩展思想的边界。我们做了大量可能不被时代所讨论的知识分子和作家。我对理想主义没有怀疑。只是要变得呈现更少的姿态感，更注重细节。不管社会环境怎么变，我一样地追求这个理念。

背后的乐观，是对人性本身的乐观。我们应该生活在一个多元、自由的社会。想要创造更高级事物，有一种超越自我的渴望。我对这个始终有信心。

你是怎么理解你所说的超越性的？

你始终知道生活有另一种可能性，在你日常生活之外，有某种意义上更了不起的、令人惊叹的事物存在。我们不是一个日常生活的俘虏或者一个时代的俘虏。我们人类传统中有很多非常光辉灿烂的东西，在某一时刻，你是可以接近的。比如勇气啊，你是不是非常勇敢。然后那种对意义的渴望，是不是可以建立一个更高的意义，更深的意义。很多很多这样的东西。我仰慕那些具有英雄主义的人，他们永远都让我最感动，最打动我。可能我不一定有，但是我觉得我是渴望那些东西的。

是否可以理解庸众是无可避免的？

你不能把这个世界这么纯粹化。任何时代社会主体都是盲从者居多。不是每个人都有独立思想见解，只有一小群人。所以你不能要求所有人都是有自己独立的（思想见解），不是这样的。他们要寻求自己的某种确认、某种意义、价值、认同，这都是很正常的事情。

如果你对自己有要求，就尽量使自己成为一个蕴含的信息、思想、情感含量更丰富的一个符号。而（追捧与否）这个东西跟每个符号没关系，是别人的事情。我的责任是使我的写作、我的观察思考、我开的书店自身价值更丰富，这是我的使命。其他那些不是我的使命。

相比于流行，你更渴望建立起一个文化系统。

我们缺乏精英文化系统，这个系统基本上都瓦解了。我始终希望在一个相对有限的读者范围里写作，他们是一个相对稳定的系统。但是中国现在没有这样的一个系统。我们甚至在慢慢想去建立这样一个小小的文化系统。

文化养料怎么才能丰富一些？

城市里需要很多像单向空间这样的地方，融入音乐、诗歌、历史、思想，也需要很多不同的杰出人物。比如罗翔，他出来大家都很开心。我们需要好的哲学家，好的历史学家出来，需要好的审美。我们需要非常多的行业的人出现在生活中，构成一个丰富的文化生态，选择也就越多了。不要只关注那些娱乐的东西。

他们（哲学家、历史学家、思想家等）

更有责任感和使命感，不是为了取悦观众，会做一些不取悦观众的事。其实，观众也不是这么单调的，有时候大平台会妖魔化观众，说年轻人都喜欢这些东西，也不是这样。我觉得，要对人类精神的丰富性本身有信念，对人本身渴望这种丰富性有信念。

许知远的普鲁斯特问卷 ■

你认为最完美的快乐是怎样的？
安全的冒险。

你最希望拥有哪种才华？
拉大提琴。

你最恐惧的是什么？
失去敏感。

你目前的心境怎样？

还在世的人中你最钦佩的是谁？
鲍勃·迪伦。

你认为自己最伟大的成就是
什么？
尚未到来。

你自己的哪个特点让你最觉得
痛恨？
肤浅。

你最喜欢的旅行是哪一次？
忘记了。

你最痛恨别人的什么特点？
虚伪。

你最珍惜的财产是什么？
观察力。

你最奢侈的是什么？
睡眠。

你认为程度最浅的痛苦是什么？
中年危机。

你认为哪种美德是被过高地评
估的？
勤奋。

你最喜欢的职业是什么？
游荡者。

你对自己的外表哪一点不满意？
无需和他人谈论。

你最后悔的事情是什么？
太晚意识到时间的珍贵。

还在世的人中你最鄙视的是谁？
尚想不出。

你最喜欢男性身上的什么品质？
沉静。

你使用过的最多的单词或者词语
是什么？
时代。

你最喜欢女性身上的什么品质？
神秘。

你最伤痛的事是什么？
无需坦白。

你最看重朋友的什么特点？
温厚。

你这一生中最爱的人或东西是
什么？
还不知。

你希望以什么样的方式死去？
到时候才知。

何时何地让你感觉到最快乐？
没准。

如果你可以改变你的家庭一件
事，那会是什么？
恢复母亲的听力。

如果你能选择的话，你希望让
什么重现？
似乎并不期待。

你的座右铭是什么？
没有。

肖
全

摄影家，代表作品：《我们这一代》。

摄影只是手艺，但有幸见证时代

灿烂的 80 年代

　　2021 年，肖全 62 岁了。但感觉上，他的状态比前几年的时候要好很多。由于坚持健身，他看上去最多也就三四十岁的样子。游泳和无氧器械是他的日常训练。他遵循的一些健身原则也时常被他挂在嘴边。比如，筋长一寸，命长十年。比如，好好喝水，水是解药。

　　人们喜欢尊称肖全为肖像大师，因为他的成名作《我们这一代》。那是一本纪实风格的肖像照片集，其中的拍摄的人物几乎包括了 80 年代所有文艺界的名角：姜文、张艺谋、陈凯歌、崔健、余华、顾城、北岛、王朔、三毛、杨丽萍……所以提起肖全常常有这么一句话："他一个人记录了一个时代。"

　　而肖全自己觉得，他是一个"收集者"。在那充满诗意和理想的黄金年代，他用照相的方式描述那代人"如何完成他们的理想"。

　　摄影对肖全来说，并不是一条计划内的道路，更像是一个福至心灵的念头。最早的时候他对画画感兴趣，但渐渐感觉到自己绘

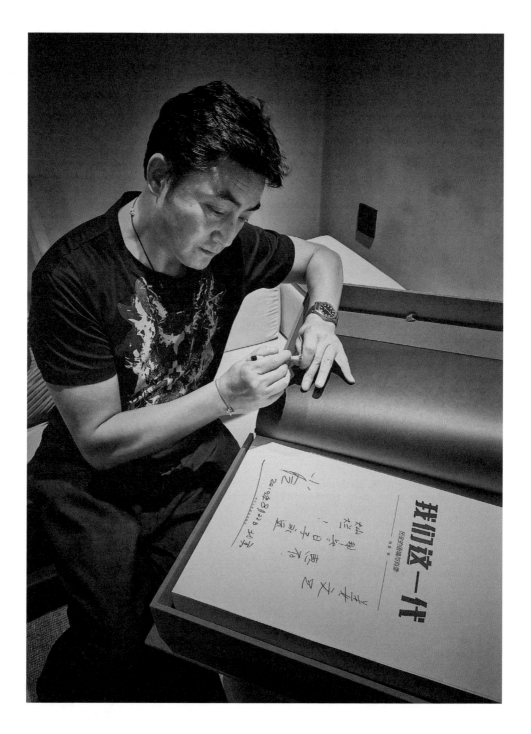

← 在北京酒仙桥的餐厅，肖全在他精装版的大画册上，写下给姜文的赠语（2019 年 8 月 23 日）

画能力上的不足，于是想到"说不定照相更适合自己"。1980 年，肖全用父亲近两个月的工资买下了他人生的第一部相机——海鸥205，从此开始拥有"制造影像的权力"。

从军队退伍后，肖全回到成都。偶然的一天，他在好友钟鸣创办的刊物《象罔》上看到了美国诗人庞德的照片。年迈的庞德头戴礼帽，身着大衣，手持拐杖站立在一座石桥上，目光是难以言喻的深沉。"好像被雷击一样"，肖全与这张照片产生了强烈的共鸣。"中国艺术家也应该有这样的照片"，他这么想。于是他从身边的朋友开始拍，最初是画家何多苓、诗人柏桦等人。之后又借着《星星》诗刊在成都举办的诗歌朗读会，拍摄了当年的十大诗人。靠这些照片，他在成都文化圈里小有名气。1990 年，朋友吕澎给了他 1000 元，鼓励他往全国走，并为他引荐了长沙的朋友。于是肖全坐上火车的硬座，开始走南闯北。他先在长沙拍了许多人，作家残雪、何立伟等等。何立伟看了照片后，又提笔给他写了张字条："这儿有个大师，来拍你们的照片。"就是用这么朴素的传递方式，肖全行游了十年，去到南京、上海、西安、北京……

肖全的作品从一开始就受到了朋友很高的评价，柏桦曾告诉他："你给谁拍照片一定是谁终身最好的照片。"有人就问肖全，他是如何像写小说一样凭直觉捕捉一个人的典型性格的。肖全觉得，除了要与被摄者交朋友以外，原因还在于他足够"敏感"。这种敏感使他能在注视中接收到来自他人的信息的传递。"摄影有什么呀，构图、曝光……没了"，在他看来，总是"眼里看到的，心里触动的那种感觉最重要"。肖全确实就是那样一个极为感性的人，他总是会在一些自己也不曾料想的时刻被事物击中。对外接受采访的时候，他就常常会谈起萦绕在他心头的那些情景与意象。比如有一次在部队出任务时路过北京，他在飞机上从八千米高空俯瞰燕山环绕，那时他心里暮地感觉悲怆：好像一刮风，黄土就会掩盖了北京。比如在成都时骑自行车，刚好到了包家巷成都妇产科医院门口。他看着漫天大雪，忽然想到人类的新生命也就像片片雪花一样飘落到世间，于是他按下快门，并在相机底片袋上写下了相片的题目："降"。

也许是自媒体发达的缘故，也许是人们开始怀念那个年代，肖全的作品这两年又火了起来。2019 年的时候，北京的爽哥在朋友圈上看到了肖全的照片，印象深刻，就攒了个局，邀请姜文、肖全一起小聚。肖全正好也趁此机会，把深圳雅昌给他量身定制的大型精装版画册《我们这一代》，送给姜文一本，封二上，他写下赠语："那些日子永远灿烂"。

用照片供养人们

和肖全在成都见面，他放了两个核桃在手里，轻轻一挤，碎了，剥出仁分给大家，握力还像以前一样那么惊人。他拍照常用飞思，80 和 200 的头。特别特别重的机器，他还总坚持手持操作。如今他多了长寿眉，胖了一点，但精力体力不减。看了给他拍的照片，他突然有些伤感，说："年过半百以后，你根本控制不了。恒河水不变，而我显老了。我被别人夸了大半辈子长得年轻，现在我觉得，我希望听别人夸我的思想，我做的事，我的状态……我们家就像那棵树，有过茂盛，但现在到了凋零的时候了，挡不住。我见过父母的白骨，现在只剩下姐姐和我。我还没孩子，只有个 90 后的女朋友。"

"那么在乎看着年轻，你怎么不去打个肉毒杆菌？"我半开玩笑地问他。"那是做了手脚，我不想让那些脏东西流到我身体里。"他回答。岔开了这一茬，他笑了起来，又开始跟我唠叨："人生无常，生命难得，唯一确定的是不确定……"

"人活三层楼：物质、精神、灵性。我修佛，算活在灵性那层，可是我又爱瓷器，又算活在一楼和二楼。"肖全信佛也是一次契机。在一个饭局上，有人对肖全说："人一辈子修的是一念之差。"有如棒喝，肖全听了腾地站了起来。大约是温良的品性使然，他真的能从佛门获得安宁。有一天早上他起来给菩萨烧香行礼，看着文殊

菩萨、地藏菩萨，凝视着他们慈悲的笑容，他"突然一下恍然大
悟"。几乎是从佛堂里跑出去的，他回到自己的厨房，"给自己煮
了一个红薯稀饭"。

　　他感觉到一股奇特的能量，感觉到一种不能言说的快乐。"我
说，肖全，从今天起，对你所遇到的每一个人和你要去做的每一
件事情，你都应该感觉特别特别的开心。"经由这样的了悟，他领
会到自己摄影的又一重意义："我开始觉着，我在用图片修行供养
人们……"

　　他觉得任何一个观众来到他的照相馆，看到他的图片，能够
从其中感觉到一点点的安慰、快乐，这就构成了他拍照片的全部
理由。与个人的身份没有任何关系，"我真的觉得就想让他们开
心"。说这话的时候，肖全带着几乎是纯真的笑容，眼神清澈。

为每一个独一无二的人摄像

1993 年，肖全成为法国玛格南图片社著名的摄影大师马克·吕布在中国的摄像助手。那时马克已经年过七旬，却还依然保持着敏锐的洞察力，时刻准备举起相机拍摄。这给肖全留下了受益终身的影响。"70 岁了，还在满胡同追着女孩拍照片，"肖全这样回忆起老师，"他把给周恩来总理拍的竖着两根指头的照片放在

↑ 肖全在深圳华会所，相框里的照片是马克·吕布给他拍摄的肖像照片（2016 年 9 月 27 日）

钱包里，当遇到麻烦不能脱身时，那张照片就是他的通行证。"马克·吕布为中国的改革开放时代留下了许多珍贵的影像。拍照的时候他就常常和肖全说："五年或十年过后，这些照片会变得非常重要。"

马克埋下一个记录世相的种子，德国摄影师桑德又用他的作品照亮了肖全的目标。"马克·吕布八十多岁再见到我时，依然兴奋地边用手指边告诉我，这儿'Nice photo!'，那儿'Nice photo!'。而桑德的照片仿佛在告诉我：要用图片记录今天的中国，就和我的前辈们一样。"桑德的作品《时代脸孔》拍下了一战后德国各阶层人民的面庞，志在用一个个具体的人为日耳曼心灵留影，这深深地鼓舞了肖全。

于是从 2012 年开始，肖全开始花很长的时间来拍摄自己的同胞，拍摄那些平凡而又闪光的普通人。最初他与周迅、杜家毅一起参与了联合国开发计划署（UNDP）的公益项目。过程中他在北京搭了一个摄影棚，拿着联合国的介绍信上街拉人去拍照。"到处找啊找，没一个人相信，大家都觉得是遇到了骗子。"后来知道这件事的人越来越多，就有许多人主动要来。"我甚至接到一个老大爷的电话，说你是联合国照相馆吗，我想来拍照。"在与这些看似平凡的人接触的过程中，肖全强烈地感受到的反而是个体的独特性，其实"每个人都能独立思考，都有属于自己的活法"。

最终肖全为 200 多名普通人留下了他们"自然而尊贵"的照片。这些图片集结为一本名为《2032：我们期望的未来》的图册，传往 170 多个联合国成员国，也被时任联合国秘书长潘基文收藏。

项目结束之后，肖全没有停下脚步。2015 年他在昆明，和朋友们从影棚里搬了背景布和打光设备到街上，"又开始做这件事"。洪都、金川、重庆、北京、南宁、杭州、遵义、成都，一座城市接着一座城市，他一共拍了数千个人物。其中不再只有文艺青年，还有建筑工地的工人、系着 Hello Kitty 腰带的大妈、龙泉山上的农民……"没有什么逻辑，就是靠缘分。"从名人到普通人，肖全觉得自己已经脱离了原来看问题的维度。"《我们这一代》是

← 肖全在四川省金川县拍摄的作品，来自《肖全金川》（2016 年金川）

→ 肖全在重庆拍摄的戴红领巾的小姑娘（2017 年重庆）

↓ 肖全自摄（2020 年 2 月美国）

理想主义的一个结晶。而今天的中国进入了新时代，每个人都在靠劳动和聪明才智拼搏，这给了我拍摄他们的欲望和冲动。"他把这项工作命名为《时代的肖像》，献给当下的中国人，也献给未来的人。

"我不是菩萨，我不是一个高人，我没有权利对你讲，但是我可以透过我的图片提醒你，你是独一无二的。"拍照是肖全不那么傲慢地表达这一点的方式。整个过程中，他自己也不断地从这些动人的影像中获得滋养。从十六岁第一次拍奶奶算起，四十余年过去了，他依然会因为照片里蕴含的能量动容，会看到一个戴着红领巾的小孩敬礼而想到未来、希望和其他的一切，"眼泪在眼眶里打转"。

在一次演讲中，肖全读起柏桦写的一首诗："皱纹噼啪点起，岁月在焚烧中变为勇敢的痛苦。"他说他非常喜欢这诗，大约也能分享其中的心境。这么多年，天南海北，他绝不动摇地实现了最初那个不那么傻的念头。如今他不再年轻，眼角也有了纹路，却又觉得自己还远远没有疲倦，"每一次拍摄对我来讲都是一种新的刺激和挑战，可以给我带来无限的慰藉"。像老师马克·吕布一样，他下定了决心，要一直拍到走不动为止。并且希望自己拍下来的照片，能在一百年后、五百年后，依然被人记得。

肖全的普鲁斯特问卷

你认为最完美的快乐是怎样的?
一会去厨房给自己做晚餐——吹着口哨。

你最希望拥有哪种才华?
就是我已经拥有的各种才能。

你最恐惧的是什么?
忘记自己。

你目前的心境怎样?
平和、自在。

还在世的人中你最钦佩的是谁?
刚刚获得北京冬奥自由式滑雪大跳台冠军的谷爱凌。她拥有各种能力,让自己在空中飞翔。

你认为自己最伟大的成就是什么?
今生为人。

你自己的哪个特点让你觉得痛恨?
放任自己。

你最喜欢的旅行是哪一次?
2007 年,我从西藏去尼泊尔。我的西行漫记、朝圣之旅。

你最痛恨别人的什么特点?
没有,人无完人。

你最珍惜的财产是什么?
心里升起的微笑。

你最奢侈的是什么?
闭上眼睛,剩着地球在宇宙中飘。

你认为程度最浅的痛苦是什么?
摔倒以后,再站起来。

你认为哪种美德是被过高地评估的?
无私、勤奋。

你最喜欢的职业是什么?
还是我现在的工作——摄影师。

你对自己的外表哪一点不满意?
感谢老天,我总是在镜子里多看自己一眼。

你最后悔的事情是什么?
时间老是从身边溜走了。

还在世的人中你最鄙视的是谁?
偷懒的自己。

你最喜欢男性身上的什么品质?
开天辟地。

你使用过的最多的单词或者词语是什么?
你好。

你最喜欢女性身上的什么品质?
不屈不挠。

你最伤痛的事是什么?
父母的离去。

你最看重朋友的什么特点?
对我的信任。

你这一生中最爱的人或东西是什么?
阳光和水。

你希望以什么样的方式死去?
像瓜熟蒂落一样。

何时何地让你感觉到最快乐?
此时此刻的当下,正在回答问题的这一瞬间。

如果你可以改变你的家庭一件事,那会是什么?
让父母活到现在。

如果你能选择的话,你希望让什么重现?
在家门口,抬头就能看见满天星斗。

你的座右铭是什么?
善用其心。

魏克然

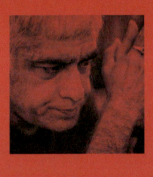

印度制片人，现任 Discovery 探索
频道东亚东南亚地区副总裁。
曾获亚洲电视奖、纽约国际电影电
视节奖项和奥斯卡金像奖。

跨文化讲述
中国故事

中国纪录片的白求恩

　　我最早见到魏克然（Vikram Channa），应该是在十多年前荷兰 IDFA 阿姆斯特丹电影节上。那会儿他是大会的特邀嘉宾，我们还不熟络。Discovery 探索频道在 1994 年设立并开展亚太地区的业务，1995 年魏克然就加入其中，成为团队里的灵魂人物。行业里的人，管他叫"中国纪录片的白求恩"。因为他几乎凭着一己之力，在中国打开了整个 Discovery 探索纪录片频道的市场。二十多年间，他在中国完成了三百多个小时的节目，监制了超过两千部影片，包括《战"疫"启示录》《习近平治国方略：中国这五年》《中国：习近平时代》《运行中国》《智慧中国》《功夫学徒》等等。

　　大学的时候，魏克然在印度新德里读历史专业。本科之后，他开始学习纪录片的制作，取得了历史和影视专业的双硕士学位。之后他又去往美国芝加哥大学读了商学院 MBA。视野的宽广和阅历的丰富，支持着他在纪录片行业中走了一条与其他人几乎完全不同的道路。

　　2020 年底我们约在酒店见面，他在旁边的餐厅吃晚饭。怕迟到，吃完饭他就一路小跑过来了。有挺长一段时间没见面了，程工导演看见他，张嘴就说："呀，你胖了。"他对这个评价显然很是在意，连连问道："真的吗？我觉得没有啊。"然后还撩起衣服给我们看了看肚子，"你看，还是没有什么赘肉啊"。到如今，他除了头发稍微白了一点，其他还真没什么太大的变化。

　　"我是唯一一个在 Discovery 工作了二十多年，还没有被炒鱿鱼的老家伙。因为 Discovery 换了新 CEO，特别喜欢年轻的血液。所以像我这样（年纪大）的都应该靠边站了。而且 CEO 是 MBA 出身，特别讲究绩效管理，每年都有一个固定的末位 20% 淘汰率。但是即便这样，我还是活下来了。"他带点自嘲的口吻说道。

　　从业这么多年，他对于"自我"的定位始终是警觉的。每次完成一部影片，他最怕的是自己陷入自我感觉良好的状态。所以他总是不断地提醒自己：东西做完就完了，就过去了，不要执着于

2021 年 1 月 3 日

2022 年 2 月 17 日

原有的工作。因为那已是过去时了，该期待下一部影片了。不要让自己活在"你和你上一部作品一样好"的印象里。于是一部接着一部，他借由纪录观察这个世界，用具体的行动贯彻着纪录片的"思想行动力"。

对魏克然来说，语言并不是唯一可靠的手段。"你看，那么多人懂中文，但是很多人对于中国其实没有那么理解。"在京 A 啤酒坊，他呷了一口 IPA，然后说道。有的时候，如果没有语言和文字，人和人之间的交流反而会进入更真诚的状态。程工导演不大说英文，魏克然也不懂中文。但是他们俩之间的交流，几乎可以说是毫无障碍。就算是把山上的猴子说成了爷爷的胡子，最后两人也总能心意相通、心领神会。魏克然觉得他和小工之间的沟通其实都不需要语言，因为两个人都是影视创作者，"影像"是他们共同语。凭借一种职业直觉，他们可以瞬间理解彼此。两个人确实也有不少共同点，比如他们都格外注重实践，都是典型的行动派，习惯用实践检验真理。

一直以来，他依靠运动达到对自己的掌控。他觉得运动是可以为人创造时间的。因为锻炼之后，人的精神会变得更好，工作更有效率，所以时间也多了很多弹性，生命自然也就会因此而延长。对时间和效率孜孜以求，是他一直以来的基本生活方式。但这次见到他，他说自己现在正处在一个不断放下的阶段。

"花了很长的时间学会放下。"行路至此，他经历了许许多多他无法控制的，无法抗争的事情。放下那些生命当中的执念，才发现原来"放下"是快乐的源泉。

尽管背后往往包含着妥协和无奈，但他为自己的逃避找到了一个理由——"天命"。他高频率地使用这个词，借以卸下工作的重担，用更安顺的态度使自己的生活趋于平淡简洁。

当然他的脚步没有因此停止，他仍在持续鞭策自己不断前行。"每个人都是自己的最后一部电影"，他从来不会往回看，坚持自己稳定地向前生活。他想，只要尊重和爱护每一段"天命"，然后在适当的时候"放下"，继续前行，找到和做到最好的自己就可以了。

他说这些话的时候，不知道为什么，我想起了《少年派的奇幻漂流》里那段经典的对白："人生到头来就是不断放下，遗憾的是，我们来不及好好道别。"

观众先行

Discovery 可能是目前全世界运作最成功的纪录片专业频道，它的传播网络覆盖 200 多个国家。从制作到播出、从广告收费到订阅会员费，盈利的闭环也相对完整。以前它的宣传标语是"探索你的世界"。随着对产业理解的转变和对定位的更新，现在 Discovery 不仅变换了 logo，标语也升级为"为使我们成为人类的激情提供动力（WE POWER THE PASSIONS THAT MAKE US HUMAN）"。

之前的"探索你的世界"实际上是一个比较宽泛的定位。而在现如今这个纪录个人化的时代，Discovery 想要寻找出不同于海量虚构之物的真实娱乐。借由真实帮助观众在其中找到自己的痕迹，从而激发每一个人的激情。

落实到创作的层面上，就是魏克然所遵循的一条创作黄金定律——"观众先行"。为了能真正抵达个体，他总是要问一个问题："告诉我，你的故事观众是谁？"此外，他又一直格外坚持对于年轻受众的关注。"观众年轻化"几乎是他制作所有影片的首要要求。

为此，他做了大量的尝试。比如他最近展开的项目《电子游戏能改变世界吗？》，就把年轻人所熟稔喜爱的游戏和真人秀结合在一起，还请到了知名的喜剧演员黄西来主持。

在宁夏的腾格里沙漠，他聚集起一批电子游戏的设计者，让他们和当地政府、农民和科学家连线沟通，从不同的角度了解并感受宁夏在防治荒漠化方面采取的举措和获得的成果。设计者们在领会整个过程及其细节的基础上，分组开发游戏，力图通过虚拟和真实相结合的手法，把风土人情、绿色环保、城市文明等信息包裹起来，让观者和玩家在游戏与现实的交替中体会防荒的发生过程。

"你一定要注意那些 30 岁以下的人群，想方设法地锁定他们，"魏克然对我说，"这一批人的人生观、世界观、价值观、审美观还在确立的过程中，如果你的影片想要传递一些信息，这部分人群是可影响的。如果 30 岁以下的人群爱看你的影片，那么你仍然有机会抓住更年长一点的观众。但是，你要注意，如果一切反过来，如果目标是年长的观众，那么我们肯定会失去年轻的观众。"在深圳的酒吧，有了几分醉意，他仍然克制自己不吃薯片和鸡翅，一边把玩着手中的酒，一边说道。

理解中国

根据观众的需求来选择题材是 Discovery 制片的一个特点。作为亚洲地区的内容总编，魏克然发现，"在亚洲范围内的统计中显示，Discovery 所播出的中国题材纪录片是所有题材中收视率最高的。中国越来越吸引世界的目光"。所以为了迎合市场需求，近三年来在 Discovery 所有的纪录片中，关于中国题材的片子占去了四分之一。可以预测到的是："按这样的趋势，接下去几年全球对中国的关注程度将会达到一个高峰。"

Discovery 镜头下的中国会是什么样？"以前外国观众的视角更多地集中在中国的古老文化和众多文物古迹上。而中国现在

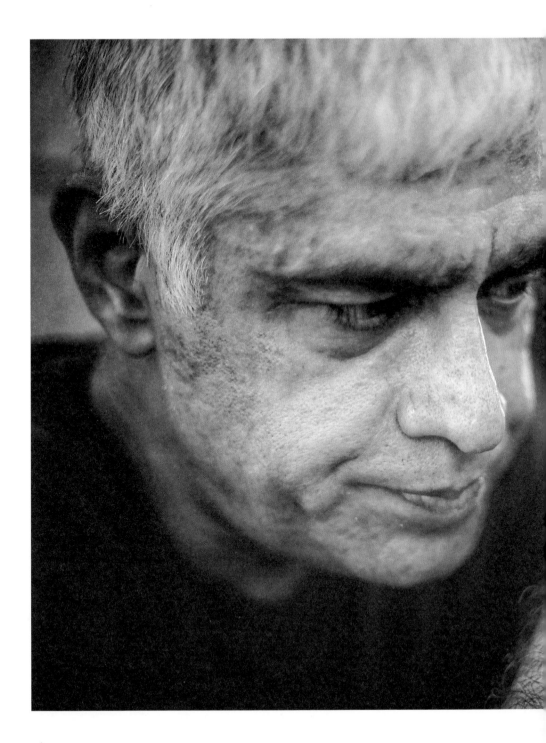

← 2020年12月29日

正突飞猛进地发展，我所要关注的是中国快速发展下发生的故事。"2002 年魏克然第一次来到中国西藏，为了拍摄一部关于藏剧的纪录片。"从那时起，我觉得我与中国就产生了一种，中国人所说的'缘分'。"于是在之后的时间里，他先后参与了在中国开展的一百多个项目。借由每一次拍摄，他深入地了解中国。通过讲述标志性的故事，力求将复杂的问题转化得更为通俗易懂，从而让世界各地的观众深入了解中国改革的进程。"一些关键政策对中国甚至全球都产生了深远的影响。众所周知，政策的复杂性使它成为一个高度学术性的话题。因此我们试图从感官和视觉上来解释这些核心问题。"

用 Discovery 探索频道独具特色的方式讲故事，用影像表意，将案例和顶级专家、业内人士的看法，编织在一起，魏克然通过电视和荧屏呈现并传播中国的发展历程。"让世界听到中国故事"，不仅仅是在宏观层面，更是在非常生活化的层面，在每一个真诚的中国人的身上。

在他监制、程工导演的《变化中的中国·生活因你而火热》上映之际，他给中国的所有观众写了一封信，谈到拍摄过程中好几个让他不能忘怀的场面。比如抓拍到的产科医生韩杨喝水的样子：她举起水杯，一饮而尽。在魏克然看来，这幅真实的图景胜过任何一个训练有素的演员所表达的急促，因为它无比生动地表现出韩杨为了生活而奔忙的状态。现实中，她要寻找走失的病人，要帮助产妇生产，要确保新生婴儿的安全，还要将自己的孩子送回老家……她的忙碌，重叠着千千万万中国人的身影。

就在这部有关普通人的电影里，魏克然觉得自己找到了答案。他看到中国的山河、楼宇、道路在变化，但是流淌在中国人血液中的进取、坚守和对更好的生活的向往，一直都没有变。无数普通而又勤恳的中国人身上，充满了非凡的坚韧，"让我仰望，也让我在思索时陷入深深的沉默"。

身为印度裔的他，天然地拥有跨文化的比较视野，总是能产生一些有意思的看法。他一直觉得中国和印度之间有着某种联系。

"你想想看，全世界只有两个人口超过 10 亿的国家，而且在地理环境上如此相近。所有中国遇到的问题，印度也同样在经历。所有中国走过的路，印度也同样在走着。这两个国家虽然血脉相隔，但是亲如兄弟姐妹。"

不止现实，他认为中国和印度双方在文化根源上也有着某种有趣的链接。中国文明的起源是汉字。汉字靠书写。所以中国人的文化主要依托视觉，文字相对语言而言更精确，所以中国的文明底蕴相对深厚、深远。但是印度最早的文明都是由传道开始的。是由佛祖讲经，开示普罗大众，然后口口相传。所以印度人可能更惯于倾听和述说。从这些角度来看，印度是一个讲述的文明，中国是一个书写的文明。

时代纪录正在制作的深圳 40 周年纪录电影《我们正年轻》中，设置了一个伶仃岛上小白猴的故事。魏克然对这个故事特别喜欢，同时提出了一个我们可能都忽视了的视角。他觉得中国人对猴子是有一些特殊的情感的，这个情感源自《西游记》里的孙悟空。"孙悟空"这个名字本身有深远的意义，悟空二字，相当于是"懂得空"的意思。在他看来，"空"，往往被许多中国人理解为人生最高的境界。

2021 年 5 月，魏克然参加了在云南怒江举办的贫困治理与现代化发展国际论坛。会后他接受采访，主持人问他："你认为要想多了解中国，就得在中国生活吗？"他几乎没有任何考虑，即刻回答说："对，我觉得你得在中国生活，至少经常来中国。"这么多年，从常来常往，到常驻中国，他就是如此日积月累地领悟和工作。他相信，对一个文明的了解，不能依靠媒体叙事，不能依靠"假新闻"，而总是需要依靠传统的、个人化的体验。在这个社交媒体造成更多分化问题的时代，他想要寻找更多的文化的温度，更多关于人的温暖。

是什么造就了中国？[1]

——

魏克然

2017 年，探索频道推出了具有里程碑意义的系列纪录片——《中国：习近平时代》，向全球观众展示了习主席的长远视野。在这部片子中，我们运用探索频道特有的视觉效果和充沛的叙事风格，详尽叙述了中国正在着重解决的各大议题，以及它如何逐渐驶向新的阶段。到今天在第六届"读懂中国"国际会议的现场，我们又能激动地向大家宣布，探索频道又要推出最新系列的纪录片。这一系列的寓意和目的同本次会议异曲同工：希望在动荡、挑战和机遇并存的时代里，联系沟通，搭建桥梁，携手探索最本质的中国。

2021 年，我们来到了似曾相识的交叉路口。回顾一百年以前的 19 世纪 20 年代，那一时期的历史很大程度上塑造了当今的世界——1921 年中国共产党的成立正是其中之一。因此，在这个重要的节点，我们想向世界提问，将最新的六集纪录片命名为——《是什么造就了中国？》。要停下脚步，回顾迂回曲折的历程，现在就是最好的时机。这场起步于中国的旅程，有时被称为"伟大的中国实验"。

论历史节点，这部片子与这次会议都具有极其重要的意义。如今，国际媒体工作者们面临着重重挑战。从网络（主要是社交网络的影响）到传统媒体的叙事可靠性都在日渐衰弱，与此同时，全球的政治格局也在经历巨大变动。这些因素汇聚之际，非良性的媒体环境也就此形成。一些媒体

---

1 本文为魏克然在 2021 年"读懂中国"国际会议（广州）开幕式上的演讲。

描绘出的中国形象已然证明了这一点。在这个信息时代，谣言泛滥，真相早已伤痕累累。加之上十年所堆积的问题，又因全球疫情催化而生长。人类并没有同心合力，进一步导致了前所未有的极端政治局面。

无论如何，尽管环境严峻，我们仍将此视为一个机遇，希望通过推出纪录片《是什么造就了中国？》，引导观众去了解真正的中国。本片旨在从新颖深刻的视角出发，云集时代领袖和顶尖专家，分享自己独特的、引人入胜的中国故事，探讨中国史无前例的"共同小康"要如何带动14亿人口走向繁荣。在这个时代，不管是贫富差距、气候变化，还是人口问题，世界都必须共同面对。正因为如此，我们更应当去学习中国这场跨越了千年的试验。《是什么造就了中国？》隔绝了嘈杂的媒体环境，每一集都经过精细构思，讲述沉淀于中国之路的最深层答案。使得观众能在中国的语境中，理解这个国家独有的历史与文化。

因此在开篇第一集，我们便讲述中国既作为一个古老的文明，也作为一个快速发展的年轻国家，是如何在历史和现代之间交融碰撞的。这为他人看来似乎矛盾的现象提供了很好的解释。站在文明国家的角度上，观众也能够更好地理解中国的策略和动机。到了第二集，我们讨论中国与现代化的错综复杂的关系。在现代化背景下，中国以前所未有的速度完成了经济转型，并在21世纪国际现代化讨论中扮演了重要的角色。而它现在，是否又面临着新的三岔路口？

第三集的主题是全球化。全球化始于80年代，一直以来都在驱动着财富创造，为中国和世界广大人口带来了巨大收入，现在却已失去当初的势头。当大多数媒体都还在报道现存大国与新兴大国之间的"修昔底德陷阱"时，我们则着眼于发掘这两组力量同全球化的关系。今天我们常说的国际经济"脱钩"，难道不就是国家利益的调整变动吗？世界正在经历着重组洗牌。新的议程必定需要新的合作，像气候变暖、新冠肺炎疫情这些问题，全球必须随时守望相助。

第四集，我们讲述从邓小平时期至今的中国改革开放的道路。中国今天走上的新道路，似乎也能在此得到解释。与悉知中国的人士深入探讨之后，我们发现这其中的连续性大于变化性。邓小平说要摸着石头过河，而习近平时代下，河流已经化为浩瀚海洋。想要继续航行，中国需要推陈出新。因此本集的另一主题，就是展现中国政府的治理能力和长远目光。这也引申出本系列的倒数第二集——《中国共产党》。要想真正了解中国，我们必须了解中国共产党、中国共产党的性质，以及它对人民和文化的深刻影响。世界对这方面的了解少之又少，鲜有媒体尝试去理解和报道。而在《是什么造就了中国？》中，我们希望能肩负起这项重要且极具挑战的任务，为国际观众带来不一样的视角。

最后一集——《未来》，讲述了中国如何逆水行舟，着手解决贫富差距、气候变化以及人口等世界性难题。接下来的十到十五年非常重要，中国也完全明白这一点。

为了让大众理解本片中的复杂主题，探索频道打造了一套独特的叙述手法：每一集都有特定的主题和重点，每一集都构设为一场对谈，参与的是一位时代的思想领袖与一位年轻的主持人。主持人中有学者、记者、企业家，甚至还有艺术家。这样的形式是为了促成一场可贵的跨世代思想交流。在每一场谈话中，还会有相应的人物登场，配合核心主题和专家观点，带领观众一同学习中外的实际案例，构筑具体的情景语境。当传统和新兴的媒体仍在苦恼于如何把握平衡的时候，我们希望通过探索频道的叙述风格，在保持可信度的同时，最大限度地讲述并传播中国故事。

魏克然的普鲁斯特问卷

你认为最完美的快乐是怎样的?
独处的能力或技能。

你最希望拥有哪种才华?
学会游泳。

你最恐惧的是什么?
感到恐惧,恐惧本身。

你目前的心境怎样?
下午三点的阳光。

还在世的人中你最钦佩的是谁?

你认为自己最伟大的成就是
什么?
独处的能力。

你自己的哪个特点让你最觉得
痛恨?
偶尔的懒惰。

你最喜欢的旅行是哪一次?
我参与的每一部纪录片。

你最痛恨别人的什么特点?
不友善对待那些比你弱的人。

你最珍惜的财产是什么?
一种自我认知的感觉。

你最奢侈的是什么?
花钱剪个漂亮的发型。

你认为程度最浅的痛苦是什么?
认为你就是你自己,但你不是,
痛苦源于此。

你认为哪种美德是被过高地评
估的?
在我们生活的时代,任何美德都
是好事。

你最喜欢的职业是什么?
我所做的。

你对自己的外表哪一点不满意?
当我因为疏于运动而身材变形时。

你最后悔的事情是什么?
不能像我想的那样和我的父母以
及兄弟姐妹这些家人在一起。

还在世的人中你最鄙视的是谁?
(我)不这样看待这个世界。(不
以这个方式思考问题,所以没有
鄙视的人)

你最喜欢男性身上的什么品质?
专注。

你使用过的最多的单词或者词语
是什么?
缘分(predestiny)、空(empty/
aloneness)。

你最喜欢女性身上的什么品质?
不顾一切地爱一个男人。

你最伤痛的事是什么?
分手。

你最看重朋友的什么特点?
诚实。

你这一生中最爱的人或东西是
什么?
我在做的工作,它不(单纯)是
工作,而是像一场游戏。

你希望以什么样的方式死去?
我的外曾祖父说"像成熟的果实
从树上掉下来"。我非常喜欢它
的声音。(这种死法听上去挺不
错的。)

何时何地让你感觉到最快乐?
当我正在为我参与的项目想象、
制作、塑造叙事时。就像在糖果
店里的孩子一样。

如果你可以改变你的家庭一件
事,那会是什么?
生活就是它本身的样子,我接受
它。所以不知道怎么回答这个
问题。

如果你能选择的话,你希望让什
么重现?

你的座右铭是什么?
遵循过程而不是结果。

关成贺

上海纽约大学城市科学与政策副教授。
哈佛大学设计学院博士。

大数据助力城市革命

从哈佛到上纽

　　2016 年我回哈佛，恰逢哈佛设计学院的毕业典礼，于是给穿着博士袍的关成贺拍照，他是从这里毕业的第 18 名中国籍博士生。结束了学业以后，他将以波曼学者的身份开启博士后的生涯。聊起毕业后的规划，他说："我想少教些课，腾时间做研究，出一些学术成果。从学者到讲师，建立学术地位，然后到建筑设计、规划咨询再到资本运作，这些可能是一般的建筑师不太能做的……"之所以能做到常人不能及的事情，是因为关成贺在读博前已经在日本、巴哈马、美国和英国工作多年，做过建筑设计师、城市规划师、房地产开发商、建筑承包商、城市研究咨询师等职业。这些经历最终辅助他走上了城市科学研究的道路。"有时候，你需要多花点时间探索自己真正的热情和兴趣。"手举着博士帽，帽上的穗子迎风飞起，成贺的笑容自信而灿烂。

　　2018 年再见到他的时候，他已经在波士顿买了新房。查尔斯河赛艇比赛期间，附近的酒店都满房了。于是就约在他家借宿。他告诉我他正在写两本书，"一本关于是低碳城市的，另外一本是利用原子弹核聚变计算时使用的元胞自动机模型，来演算城市扩张与规划的内在动力机制"。两本书都是全英文写作，预计要花几年的时间。"所以现在我把哈佛的教课暂时给停了，剩下就是给纽约大学的学生们每周上一堂课。哈佛工程学院和牛津大学的研究所现在都有给我一些资金支持，这样我就可以专心做研究。"那是他在哈佛的第十个年头。因为在哈佛待得实在太久，所以有的学弟学妹戏称他为"关叔"。这十年里，对学术的追求是他一直不变的主线。仔细看看他，确实也多了些"学究"的气质，总是含着胸，微微欠着身，说话慢条斯理。

　　记得以前成贺的宿舍总是混乱无序的，所有物品都准确地待在它不应该待的地方。而他的新公寓里，一切都井井有条，整齐简洁。这得益于成贺太太张婧 Jessie 的收拾打理。正感慨的时候，Jessie 从房间里出来打招呼。没想到她已经十月怀胎，还有两个

← 2016 年哈佛设计学院毕业典礼，关成贺穿着博士袍在冈德堂（Gund Hall）前（2016 年 10 月 3 日）

173

↑ 关成贺与他的妻子张婧 Jessie 在波士顿 Arlington 家中（2018 年 11 月 4 日）

礼拜就要生了……虽然挺着肚子，但是她身形没什么改变。"她每天早上去游泳，特别自律。在时间管理上，她对我影响很大。"成贺在一旁说。"是公子还是公主？"我问。"是男孩，"成贺答，"正好姐姐生了一个女孩，这样一男一女，我爸妈他们就开心了。"说着他与妻子相视一笑。

屋子里没有太多的装饰，显眼处挂着三张地图，似乎记录着成贺一路来走过的轨迹。一张是日本地图，他曾在日本建筑大师桢文彦的设计所里工作过；一张是美国地图，他在美国读研、读博、做研究；一张是世界地图，"规划全球城市"是他讲授的一门课程。

再之后成贺回到了中国，加入了上海纽约大学，事业轨迹越来越清晰。2019 年他组建了上纽大城市实验室，领头多个城市项目，并联合上海社科院开展课题研究，担任起上海长三角商业创新研究院的国际都市创新研究中心主任。

大数据与城市未来

成贺现在大的研究方向还是"城市大数据在城市时空规划中的应用"。国内现在有很多企业都在往这个方向努力，政府也提供了许多这样的平台，配备的资源也越来越齐全。不少企业通过政府平台或者自己搭建的数据平台，积累相关数据并创造价值。"数据确实越来越多了。但是现在的数据流通性低，需要经过标准建立、安全管理、法律制度保障，才会获得更大程度的应用和流通价值。这种价值一旦实现，将会给城市和人类的未来带来质的改变。"今年在上海哈佛中心参加完论坛之后，我约了成贺一起健身。成贺一边跑步一边给我介绍。

"为什么目前的数据交换起来非常困难呢？因为没有一个像钱一样的流通媒介去协助不同的数据流通。所以现在有人提出来做一个平台，不只是为了数据交换，而是能够赋予这些数据相应的价值，从而让这些数据交流交换。"关成贺格外支持这个想法，他在做相关研究的时候，往往就从这个角度来考虑后台的结构。他相信，在未来的五到十年，城市信息会实现一定程度的统一化、客流通化，整个市场的前景是广阔的。

在大数据方向下，成贺也在做有关装配式建筑与大数据结合的课题研究，致力于探索数字化智慧城市的建设与转型。他希望通过城市大数据的处理与运用，用数据找到土地、建筑、承建商、供应商、消费者彼此之间的连接，从而更好地理解人们的行为与空间的关系，更好地去管理土地资源。

身处高校，教学是成贺生活的重要部分。陆家嘴集团给纽约大学上海分部建了一栋楼。一共是 15 层，大概可以容纳三四千人，但现在已经不够用了。纽约大学的新教学楼定在上海世博会原址——前滩，预计 2022 年建成。疫情期间，纽约大学纽约本部的校区仍然处于关闭状态，在阿布扎比、欧洲、非洲的校区也都关了，只有上海分部开着。"现在我所有的课程学校都会录制下来，然后给分布在世界各地的学生听。我觉得这次疫情对于线上教育是一个非常大的推动，将来网上会留有大量这样的教学材料。其实对于教授而言，这是价值最大化的一个重要方法。"成贺说。

现在他除了给本科生教课，他自己的"上海城市实验室"还带了二十几个学生，致力于培养"下一代城市规划者和思考者"。其中，本科生、研究生、博士后，乃至青年学者都参与其中，积极开展各类科研项目。

"有一个越南的本科生让我印象非常深刻，我觉得他做出来的东西不比一些博士生差。他对数据的理解很透彻，对研究的方法掌握得非常快。有时候你不得不感慨。做大数据处理还是需要一些天分的。"对学生有这样的了解，足见成贺在学生培养方面的付出。一位学生谈到在实验室的科研体验时就说："从我几年前第一次见到关教授开始，就开启了一段相当美好的旅程……如果没有关教授的启发和培养，我不可能取得今天的成绩。"

聊起新冠病毒溯源的话题，成贺又突然联想到了一个案例。"历史上英国霍乱爆发的时候，最后是怎么找到根源的呢？其实并

↑ 关成贺在健身房做无氧训练（2021 年 2 月 10 日）

不是医生找到的，而是通过空间制图的方式——在地图上把所有霍乱病人的地点都标出来，能发现所有早期病人都集中在几口井附近。"所以可以得出结论，是这几口井的水把霍乱传染到整个城市，导致了灾难性的后果。"其实这个研究方法就是最早的一次空间数据处理应用。"

↖ 2016年4月30日

新冠肺炎疫情期间，成贺也在使用相似的思路做新冠病毒的相应研究。他以美国为例，在美国地图上的最小行政单位即三千多个县上，标记感染者。结果他和团队发现，人口密度的高低并不与新冠病毒感染率的高低相对应。这个结果与人们通常的认知有所不同。"我们从2020年初开始一直取到了2021年初的新冠病毒感染者数据，把全美的县都分析了一遍。发现人口密度高和建筑密度高的地方，人口绝对数量相对高，但感染比率反而比较低。我们对这个结果也感到很惊讶。"成贺觉得这个结果里可以从两个方面来解释。一是人口密度高的地方，人们受教育的程度相对较高。这些人就可以较好地执行防疫的相关要求，保持好社交距离。二是城市里的医疗救助速度与乡村是不一样的。在城市一旦发病就可以得到及时的救助，所以新冠病毒的传播率、感染率、致死率反而有可能会更低一些。

总的来说，"影响感染率高低的通常就是三个因素，工作环境、文化习惯和出行方式"，这是依靠数据分析得出的结论，能够在一定程度上为城市的决策者提供参考和支撑。成贺对未来的图景充满信心："等到咱们再过二十年一起跑步的时候，我想现在咱们能想到的东西都会实现了。可能没想到的东西也会实现，城市空间的变化一定会有质的飞跃。"

跑步看城市

关成贺喜欢徒步旅行和跑马拉松。因为 2013 年的波士顿马拉松爆炸案，他开始接触并参加全马。那起人为引爆的惨案带走了三个人的生命，其中一个受害者是一名中国女孩，名叫吕令子。事故后成立了一个吕令子基金，意在铭记这个年轻的生命。关成贺就是为这个基金参加了波士顿的马拉松，同时募集资金。跑步由此具有了精神性的意义，成为关成贺生命中非常重要的一部分。除了参加比赛，他还做过极地长征戈壁马拉松的志愿者。

因为爱上了跑步，作为城市规划研究者的成贺便常常选择用自己的脚步去体会城市空间。他曾经穿越过不同大洲的不同地区，在各色各样的街区间流连。前一阵，他为了去看一下哥伦比亚首都波哥大的快速公交系统（BRT，Bus Rapid Transit），就沿着BRT线跑了二十多公里，一路经过了最热闹繁华的地方，也经过了平民居住地。看到了"很多学术文章里看不到的东西"，它们丰富了他对整个区域系统的理解。所以他给自己学生的一大建议就是：走出去——"要去往不同的城市，不同的社区；用不同的速度，以不同的方式旅行；想象城市，感受城市，倾听城市，和城市里的人们交流"。

关成贺相信，二十年后的城市与现如今相比一定会产生非常大的改变。当代的城市建设在技术上，其实已经有几十年没有较大的革新了。不像在一百多年前，电梯出现了，人们可以造高层；有了钢结构，人们可以建摩天大楼。现在虽然科技在不断发展，但还没有再次出现能够真正改变建筑外貌的新技术。在成贺看来，变革的希望将会由电动车和自动驾驶带来。一方面，根据之前城市规划中的所谓德国体系，土地价值的评定是根据人到城市中心或者某一核心区域的距离所决定的。"如果有了自动驾驶，人们出行的自由度就会提高，城市就会因此出现多中心的格局，这意味着土地的价值会随之变化，这样整个城市的形态也就会焕然一新。另一方面，无人驾驶对空间要求和现有的规划方式是不同的，这意味着未来道路的宽窄，转弯的角度，红绿灯的设计都会与现在有所区别。如果未来低空领域可以开放的话，无人机还会深刻改造现有的物流方式。"此外，电动系统相对于传统的燃机系统更加绿色环保，会给环境带来可预见的良好影响。所以，"整体而言，在这个新体系下，城市空间的规划是会出现革命性变化的"。成贺一边发力，一边说，语气间洋溢着信心。对于这项见证着革新的事业，毫无疑问，他将全力投入其中。

关成贺的普鲁斯特问卷

你认为最完美的快乐是怎样的?
翻过山峰看到一马平川的快乐。

你最希望拥有哪种才华?
影响周围人的能力。

你最恐惧的是什么?
失去对时间的掌控。

你目前的心境怎样?
憧憬未来。

还在世的人中你最钦佩的是谁?
我的老师(们),几位并列。

你认为自己最伟大的成就是什么?
影响周围的人(成就,并不伟大)。

你自己的哪个特点让你觉得痛恨?
忘记珍贵的记忆。

你最喜欢的旅行是哪一次?
南美的巴塔哥尼亚高原。

你最痛恨别人的什么特点?
浪费时间。

你最珍惜的财产是什么?
时间。

你最奢侈的是什么?
与家人朋友共享欢乐。

你认为程度最浅的痛苦是什么?
体能挑战。

你认为哪种美德是被过高地评估的?
XX 正确。

你最喜欢的职业是什么?
教师。

你对自己的外表哪一点不满意?
都挺满意。

你最后悔的事情是什么?
无。

还在世的人中你最鄙视的是谁?
没有时间去想。

你最喜欢男性身上的什么品质?
沉默的自信。

你使用过的最多的单词或者词语是什么?
城市、数据与科学。

你最喜欢女性身上的什么品质?
善良。

你最伤痛的事是什么?
朋友远去。

你最看重朋友的什么特点?
关怀。

你这一生中最爱的人或东西是什么?
家人。

你希望以什么样的方式死去?
在旅途中。

何时何地让你感觉到最快乐?
置身遥远的自然。

如果你可以改变你的家庭一件事,那会是什么?
早点成家。

如果你能选择的话,你希望让什么重现?
青春的记忆。

你的座右铭是什么?
无。

谈义良

中大集团董事长，
九如城养老集团创始人。

做良知企业的样板

27 年和 100 亿，压上一切进入一个行业

2020 年，谈义良参加"深圳十峰"的登山活动。正在路上的时候，他那年久失修的登山鞋，鞋底儿突然掉了……

自从 2013 年登珠峰回来后，谈义良确实很少登山了。但他爱上了马拉松，每年都会参加好几场比赛，跑量最高能达到将近三千公里。在珠峰菜鸟队的微信群里，每天早上五六点钟就会收到他跑步打卡的信息。

不仅始终在跑，他还不断挑战自己的最好成绩。就像登珠峰前那漫长的两个月适应期，在每个人都感到些许疲惫的时刻，谈义良却毅然给自己加码，总是希望在每一次拉练投入自己全部的能力。在高原缺氧的环境下，他还能稳住心神，写下数十万字的攀登日记。这些日夜坚持的心迹，最终集结为一册书，名为《那山那林》。

很多时候，他觉得其实养老事业其实和运动有点像，"最后，这是一场关于意志的比赛，而不仅仅是体力"。他在运动中不断探索新的可能，不断重新认知自己，在事业上也是如此。

从 2009 年开始，谈义良开始研究养老相关的资料。起因是一次与父亲的谈话。父亲和他说：你在全国各地做了很多公益的事情，看看是不是也去家乡做一点事情。他当然欣然同意，又问父亲想做什么。父亲回答他："我想回家养老。"

于是他开始研究全世界的养老模式，琢磨中国的长者适合怎样的养老服务。48 岁的他又发宏愿，创立了九如城养老集团开始做养老，"想用三个九年的时间"把这件事情做成，到 75 岁再退休。

那个时候，养老这个领域因为盈利模式还不清晰，鲜有人涉足。但是谈大哥还是毅然决然压上全部赌注去做养老。人们并不理解，他已是百亿身家，为什么还要去做这样一个吃力不讨好，且不知何时能获得回报的事。面对质疑，谈义良总是虚心地听取，然后静静地放在身后，依旧执意前行。

如今的现实情况是，中国老人的绝对数量已经超过了日本、德国、英国、法国和澳大利亚的老年人口总和。再过二十年，每四

个中国人中就会有一个老人。养老是一场海啸。中国面临的挑战和日本在 20 世纪 90 年代面临的挑战类似，但是一个本质的区别在于，中国将在富裕起来之前就面临老龄化的问题。这是在人类发展历史上从未曾出现过的境况。哈佛的 Bloom 教授曾经在五年前发出过一个提醒：在人口红利消失之后的中国，一场暴风雨将会来临。在人口统计学的预测下，未来的局面将会非常严峻。

所以谈义良的准备，会从十一年前就开始。他几乎不能理解没有效率的生命，也无法理解前怕狼、后怕虎，犹犹豫豫的选择。对他来说，破釜沉舟、背水一战，才是做大事的前提。而他选择做的这件大事，与情怀有关，与使命有关，更与时代有关。九，乃阳数之极；如，为如意安详。他把公司的名字定为"九如城"，是希望每一位经历了人生马拉松的老人，都可以在这里度过一个如意安详的晚年。

如今，十年寒窗无人晓，一举成名天下知。九如城已经默默成为了中国最大的养老机构，中国养老第一品牌。

守护疫城中的长者

2020 年 2 月，在疫情最高峰的时候，谈义良接到了江苏省民政厅的电话。武汉养老院的情况告急，希望他的养老机构可以派员出征武汉，救护养老院中的老人们。而民政厅希望他帮扶的养老院，就在华南海鲜市场旁边。

没有丝毫的犹豫。放下电话，他便在公司内部宣布他将亲自挂帅，征集勇士前往武汉。"关键时刻，企业的领军者就必须站出来，否则所有的口号都是空喊。"疫困之际，谈义良觉得自己义不容辞。

当时员工的踊跃程度超乎他的想象，两个小时之内，就有 212 个人报名。他的儿子谈俊儒希望代他前往，被他断然拒绝。同时，直到落地武汉之前，谈义良都没敢告诉自己 80 多岁的父母亲他来援助武汉的事。

　　虽然做足了准备，但是真正抵达养老院的时候，他还是被眼前的景象震慑住了。由于医养照护人员的缺失，很多生活无法自理的老人，已经有很长时间没有洗澡了。加之封城隔离，老人们的起居饮食陷入困境。养兵千日用兵一时，谈义良带去武汉的是整个九如城养老集团的精兵强将，他们训练有素的本领在关键时刻派上了用场。

　　谈义良常常说："养老都是一件一件小事情组成的，没有什么惊天动地的大事。"

　　这些小事是什么呢？

　　由于武汉疫情严重，水果和蔬菜难买，导致很多老人便秘。他带去的这批年轻人在与老人们非亲非故的情况下，情愿用手帮助长者排便，"一点一点地抠"。

　　老人牙不好，队员就每天烧水，把水果烫热，打成汁泥喂到嘴边。

老人忌讳前来支援的队员穿黑色的防护鞋套进屋，谈义良马上安排所有照护者更换防护鞋套。一批高质量的物资就这样作废了。

还有帮老人清洁口腔、喂三餐、打针敷药、擦身更衣、房间消毒……所有这些看起来细微的小事，最终组成了一件养老的大事。

"企业家做养老的优势，可能是组织资源的能力和运用资本的力量。"进入武汉之前，谈义良就使用最好的装备武装所有前往武汉照护人员，同时，也从全球组织购买了全套的防护用品提供给一线人员。

进入养老院之后迅速建立针对疫情的消杀机制和照护机制。"每日两次常规环境消杀，三日一次大消杀，一周一次彻底消杀；这是原则问题，多少钱都要投入，没有任何妥协的空间。"刚到武汉的养老院，谈义良就做了这个决定，并制定了严格的相互检查机制，确保每一个角落，卫生环境无死角，每天都会用掉大量消毒剂。

自疫情发生以来，谈义良旗下的 126 家养老院，526 家社区，零感染发生。后来，谈义良将这些经验汇编到了《新冠肺炎疫情高风险地区及被感染养老机构防控指南》中，同时还参与了国际养老机构疫情防控标准的制定，相关文件被翻译成五种语言，向全球推广。

我们是阳光生产者

在很大程度上，谈义良把用心为老人服务的养老事业看成是面向社会的公益。绝不仅仅只是在口头上来标榜自己，他一直在身体力行地发起和领军各项公益活动，发动社会各界的力量来帮助有需要的人。比如九如城就有个叫"时间银行"的公益项目，它会将年轻志愿者为长者服务的时长记录下来。如同存钱一般，志愿者可以用这些时间兑换相应的奖励或未来的服务保障。

谈义良一直有一个做志愿者的梦想，这也纳入了他退休以后

→ 谈义良在端午节慰问长者
（2022 年 2 月 23 日）

的规划。对他而言，做让社会尊重的人，做对社会进步有益的事情，这几乎是天然不可撼动的信念。还小的时候，谈义良就时常听奶奶念叨："如果你有能力，一定要帮助别人，人只有去帮助另外一个人，人生才有意义……"还有他的父亲，已有 90 岁了，仍在坚持工作，当农场的负责人，每年将收成的农产品免费提供给九如城的养老院。父亲告诉他："因为是我让你做养老的，我也需要自己的践行来告诉你，告诉下一代人，为长者服务是一个很伟大的事情。"亲人的精神与身教最能感动和支持他。所以谈义良坚持并反复强调，九如城的创业初心在于"情怀""普惠""责任""担当"这八个字。具体来说，就是走以普惠为基础的养老路线，放重点在"养老运营"，从而提供普通老百姓能够买得起、买得到、买得开心的产品。九如城目前现有的床位中，90% 都是普惠性产品。这在整个行业里，是独一家。

在企业发展的过程中，专业人才是谈义良面临的一大问题。养老这个行业没有现成的人才，需要专门的培养。所以九如城一直在这方面摸索。2015 年它与南京经贸合作创建了一个二级技术学院，连续招了五年学生。教学成果显著，获得了江苏省的教育一等奖，教育部的二等奖。但是在与公办学校合作的过程中，也碰到了很多难以解决的问题。所以九如城接下来计划成立自己独立的养老产业技术学院，在公司内部培养人才。学院建制丰富，有针对性培养养老管理人才的先锋训练营，有专门储备院长人才的院长营，还有培养康复人才青年技师的青年骨干营。谈义良还亲自当先锋训练营的营长，他像带孩子一样，安排并照顾起营员学习、运动与生活的方方面面。入营的年轻人经过为期 15 个月的训练，都得到了快速的成长。现在已经有 50 余人可以独当一面，直接负责一个城市的业务开展了。

人才培养是一步不悔的棋。因为在这些专业的年轻人身上，发生了太多温暖人心的生命故事，它们真正构成了养老行业的情感底色，也是行业一路摸索过程中最丰厚的收获。谈义良还记得安养中心一个 22 岁孩子的故事。这个孩子跟着陪护了两年的一位老

人突然脑梗送进了 ICU，昏迷了三天都没有醒来。他因为担心，接连给老人的家人打了三个电话。但家人正忙着，也就没有理他这么一个小小的护理员。于是他又写了条长长的短信发给长者的家人，告诉他们说："我跟他有两年时间了，其实我已经把他当成自己的爷爷放在了心里。心中实在有很多的不舍。如果可以的话，我真的想去看看他。"

家属被他感动了，就同意他到 ICU 病房看一下。孩子来到老人的床前，握着他的手，叫着"爷爷，我来看你了"，一声接着一声，一直喊了有三分钟。不可思议的是，仿佛听到了孩子的呼唤，长者的手慢慢开始抖动，眼睛也逐渐睁开了，竟然真的清醒了过来。"我们的护理员能把老人从死神的手里拉回来，"谈义良说，"这证明孩子们的服务真正走到了长者的内心世界里。"

从业这么久，谈义良总结九如城对养老的本质定义是："养老的本质是孝道，孝道的载体是家庭，家庭的向往是幸福。"九如城培养一个个"阳光生产者"，日夜温暖身边的长者，悉心照料好他

们，最终是为了让天下的子女尽孝有道。谈义良希望通过他的努力，让每一个小家庭重视孝爱，让长者的心田被孝爱的阳光所照耀。这样，九如城就算真的把幸福和睦送到了千家万户，也让这个社会更加和谐。

　　4点多起床，5点开始学习一小时，6点进行一小时的健身训练，这样的晨起作息谈义良已经坚持了二十年。他的创业征途到今天，也已经走过了十余年。沉浸在自己的节奏里，他似乎不会疲倦。每天完成繁忙的工作后，他还要主持三个小时的员工学习；一个礼拜内他可以巡视12个城市；每年还会对行业做几十万字的研究报告。如今，九如城已经被他一手打造为拥有养老、健康、医疗、教育四大业务集群，业务覆盖全国的现代化集团企业。面对接下来的十余年时间，他雄心不改，意气昂扬地说："九如城已经进驻全国63个城市。未来三到五年，我们将把这个数字提升到100个。我们将为中国的长者们提供全方位的普惠的养老服务产品，让长者们无养老之忧。"理想又务实的谈义良还在路上，他将带领"有情有义的"九如城团队，继续在时代的浪潮前沿行进。

带着父亲去澡堂

谈义良

农历小年，我早早安排好年前所有工作，一早出发回老家，陪父母过年。

中午抵达宜兴和父母吃饭，聊天中带着试探口气，问父亲现在愿不愿意去大澡堂泡澡。父亲很开心地说：你下午空啦？我说空啦。看样子他还是很开心地接受了。因为父亲有午息习惯，便约好下午四点和父亲去澡堂泡澡。

我记得，在我小的时候，每到小年下午，父亲就会带着我们兄弟仨，去镇上泡澡。记得那时候人特别多，澡堂里没有存衣柜，衣服都是被服务员用叉子挂在房梁上面的一排排挂钩上。澡堂里有擦背修脚的师傅，但我们都是轮流擦。大哥要为我和弟弟及父亲擦，我也会和大哥一起帮父亲擦。那时候，觉得父亲的背很宽厚。

现在想来，小时候最幸福的事，就是过年。在那个年代，物资比较紧缺，大多数人家都比较穷，而农村过年特别隆重，

有很多好吃的，所以总是盼望着过年。

我们家过年习惯是，小年中午祭祖。记得奶奶带着我们，一桌又一桌，一轮又一轮。祭祖有很多规矩，首先是要按祖宗排序，然后每一桌要完整的一遍流程（开门请进来，酒过三巡，烧纸，磕头，送祖宗……）。奶奶会让大哥多记着这些，因为当时父亲是干部，不可以搞迷信活动。

大年三十，一定是大扫除。上午父亲会带着我们刷房子（外墙上刷白石灰浆水）。那时候老家的房子是一层平房，不是太高，四开间，门窗特别整齐。家西南有条大路，春节来来往往的人很多。别村的人路过都会说，这一排房子是谈云才家，每年都是刷得白白的、新新的！下午父亲会给我们兄弟三分工，打扫屋内卫生，反正过年必须是干干净净。记得有一年，大哥在打扫卫生时不小心将一瓻米酒打烂（农村每家每年用上大几十斤大米做一缸酒，用于春

节招待亲戚），那年的年夜饭始终被这件事情所压抑着……

到了下午三点半，父亲打电话给我。我开车去接父亲，见父亲手提一纸袋，知道这是他要换的干净衣服。路上我有意开慢些，沿㳇溪河南岸教育路一直向西，和父亲聊着家乡的变化。上下车，也有意观察父亲腿脚灵活性。当我去扶他时，父亲总是说，没事，我能够的！

现在进澡堂的人不多，很大的澡堂，三三两两的人。和父亲边泡澡边聊天，大多讲这几十年社会发展变化，讲他同辈一些领导及孩子们的发展。泡了一会，就去擦背。澡堂地上水多，总担心父亲会滑，所以我始终在其边上。

等师傅擦好，我带父亲来到淋浴间，再为父亲擦擦背。父亲的背仍然宽厚，比年轻时略胖了些，腰仍然是挺挺的。父亲背部的长者斑很多，他告诉我，这个是年轻时被太阳晒的，夏季不穿衬衫干农活，一个夏天晒下来，背部光黑发亮。那时候我总认为父亲天生就是沉稳的，总是有着帮我们撑起一片天的能力，其实他是把强大坚韧留给了我们，把辛苦劳累留给了自己。

进休息室，给父亲找修脚师傅，排队等了很久。师傅来了，打开头灯，我仔细观察自己的脚和父亲几乎一模一样。90岁的父亲，脚趾甲并未太多变厚，只有两个大脚趾甲有一点点。师傅讲这个是很少见的，因为这个年龄常规都是灰指甲、木指甲。

泡完澡带父亲回去，说起晚饭我请留在康复医院过年的同事吃饭。父亲讲，陪你一起去吧，这群专家了不起！心里升起一股暖意，因为父亲平时晚饭特别少吃，总是和母亲二人各人一碗粥就好，平时还教育我们晚饭要少吃对身体好，现在却欣然前去宴请。席间父亲真诚地敬专家们酒，感谢他们为宜兴老百姓提供专业化服务！

父母啊，任何时候都是为子女着想。不用只言片语，便能让我们感受到这份深沉又伟大的感情。

谈义良的普鲁斯特问卷

你认为最完美的快乐是怎样的?
每个人在每个阶段都不一样,当下深觉玩得开心就行。

你最希望拥有哪种才华?
认识自己。

你最恐惧的是什么?
失去自由。

你目前的心境是怎样的?
很通透,进入通透的状态。

还在世的人中你最钦佩的是谁?
我爸。第一是因为他能够跟得上时代的形势。第二是他在每一个年龄段、每一个阶段都做得特别准确。

你认为自己最伟大的成就是什么?
带领很多人进行学习。

你自己的哪个特点让你最觉得痛恨?
还不知道,但是知道了就会改。

你最喜欢的旅行是哪一次?
我们一起登山。我觉得兄弟们这几年一起登山的时候,我记录得这么多,包括我写的那部小说,就是记录我当时的心境和我思想当中的感觉。我认为这个是生活当中最开心的事。

你最痛恨别人的什么特点?
不勤奋。我认为每一个人只要勤

你最珍惜的财产是什么?
公司。

你觉得最奢侈的是什么?
跟兄弟们一起喝酒,喝的是好酒,聊的是最好的事情。

你认为程度最浅的痛苦是什么?
团队跟不上自己的要求成长。

你觉得哪种美德是被过高地评估的?
义。

你最喜欢的职业是什么?
做经营者。

你对自己的外表哪一点不满意?
没有不满意。

你最后悔的事情是什么?
错过一些时机,晚到了上海。我们在十几年前曾经有机会到上海,但是晚了。

还在世的人中你最鄙视的是谁?
没想过这件事情。

你最喜欢男性身上的什么品质?
刚强。

你使用过的最多的单词或者词语是什么?

心。

你最喜欢女性身上的什么品质?
柔。

你最伤痛的事是什么?
含冤。

你最看重朋友的什么特点?
情谊。

你这一生中最爱的人或东西是什么?
孩子和书。

你希望以什么样的方式死去?
安详。

何时何地让你感觉到最快乐?
没有不快乐的时候,就最快乐。

如果你可以改变你的家庭一件事,那会是什么?
整理,把家里收拾干净。

如果你能选择的话,你希望让什么重现?
再去登一次珠峰。

你的座右铭是什么?
勤奋。

詹中文

美国加州理工大学地质与行星科学系教授。

用光纤织造地震监测网络

慢慢走进地震学

↖ 詹中文在他的办公室（2021 年 3 月 17 日）

詹中文来自安徽的大别山地区，父亲是一个木匠。在他的记忆里，父母虽然没有给他宽裕的生活条件，但总是给他充分的自由和尊重，从来没有过多地干涉过他。这让他一直能够保有浓重的好奇心，并且养成了独自寻找答案的习惯。小的时候，詹中文就对周围的自然环境很感兴趣。上学要走很长的山路，一路上他就观察自然。怀着儿童的天真，他对许多司空见惯的事物都能产生很多疑问。比如那会儿他就特别想知道，为什么太阳每天都会从不同的地方升起来？这些疑问萦绕在他的脑海中，一直到后来他知道有一门叫地理的学科，一切才得到了"美妙的解释"。

尽管是在山区，但是他所在的金寨县一直非常重视教育。中文在学校的成绩非常好，所以高三的时候直接跳了一级，保送到了中国科学技术大学的少年班，在 15 岁的时候就开始了大学阶段的学习。

少年班的机制给了詹中文很充足的思考空间。起初他学的是物理，但是学了两年，没有在其中找到自己真正的热情。踟蹰之际，沉寂在心中观察山川河流的兴趣又萌发出来，于是他决定走上地球科学的道路。在谈论这段经历的时候，詹中文用了一个词"慢"——并不是一个一往无前的状态，他说，"这是一个很慢的过程，我是慢慢地走进了这个行业"。

本科结束之后，他继续读研，跟随著名的地震学家倪四道教授。那会倪四道刚刚从加州理工的地震实验室毕业回国，詹中文成为他的第一届学生。那年正是 2004 年，惨烈的苏门答腊大地震就在当年发生。倪四道通宵达旦了三天，利用地震波的持续时间及地震余波在地球内传动次数的间隔计算，得到了确切的灾害结论：苏门答腊地震，持续时间为 500 秒，破裂 1300 公里。这为印度尼西亚当局灾难营救的资源分配争取了时间。

尽管人的生命财产在如此巨大的自然灾害面前不堪一击，但是人的智慧却能够认识和描述这场远超其力量范围的灾难。这是渺小人类的伟大之处，詹中文受到了很大的震动。在倪老师的指导下，在他类似说故事般的讲课方式的吸引下，詹中文确定了自己之后要投身的方向——地震学。

研究生毕业后，詹中文前往加州理工读博，导师就是当年倪四道老师的导师 Donald Helmberger。初到美国的詹中文身边只带了五百美元，发现这些钱不够他付一个月的房租，好在当时的同学帮了他一把。暑假的时候他就开始当导师的研究助理，拿到了工资，才度过了这个窘境，生活开始走上正轨。关于在美国学习的感受，詹中文觉得最鲜明的一点就是研究变得非常独立。他刚到美国的时候，南加州就发生了一个 5.4 级的地震，当时办公室的地震学家们知道后立刻就"冲了上去"。"我当时还想着等导师来给我分配任务呢，但实际上完全不是那样，学生要自己主动去做。"在这样的氛围下，花了大约三个月的时间适应，他逐渐开始自主地展开研究。

现在詹中文成为系里的教授了，他所在的办公室正是他导师Donald原来的办公室，整个过程说起来很奇妙，"老导师培养的学生回到中国，又带来了一个以后坐在他办公室的学生"。詹中文感慨于这种传承，"真的是几代地震学家们一起在努力，很多人很长时间的努力"。

詹中文的额头饱满，眼神明亮，说话时总是带着自然的笑意，他不太使用形容词，但是有一些词语常常出现，比如"激情""热爱"。我问他小事情有没有发生什么有趣的事，他想了一会说，小学的数学老师曾经亲昵地叫他"詹大头"。"不知道这算不算趣事？"然后他又立即补充道："也许头大跟智商有关系，但是它并不关系到我做科研。科研靠的是你对研究事物的激情，你很难放下它，忘不了它。热爱它，就是愿意把自己的时间花在这上面。"

地震是什么

2021年我来到加州理工找詹中文。加州理工的校区规模比想象中小了很多，一共就八个系。全校师生全部加起来也就是三千多人，其中有两百个教授。由于每一年招收的本科生数量在两百人左右，所以学生如果有意向做科研的话，基本上能得到一对一的指导。学校里的建筑很平和，四周环绕着社区。我按着导航的定位来回走了两次，才发现了詹中文教授所在的那栋不是很起眼的小楼——地质与行星科学教学楼。

跟随詹中文教授走进小楼的一层，两边的墙壁上挂着的是各种各样行星的图片。其中有一张全景图片规模很大，格外瞩目。那是一张来自火星车"创造者"号拍回来的全景图片。图片拍的是一个陨石坑。詹中文在一旁解说道："你看这个是陨石砸完之后在

→ 詹中文背后的图片就是加州理工的校友在月球上摆放三脚月震仪（2021年3月9日）

火星的地表上留下了一个大坑。因为整个地表是被陨石砸开的，所以它（坑）的边界上有一些很陡的地方。（从这些陡峭的位置）你可以看到一部分火星表面的分层结构。"

一楼通往二楼的楼梯间，有一张照片被放的很大。那是一位阿波罗号宇航员在月球上的照片。他就是从加州理工地质与行星科学系毕业的，也是第一个登上月球的科学家。詹中文指着宇航员手里像三脚架一样的东西说："这是月震仪。所以当年阿波罗计划在月球上也建立了月震台网，一直运行到 1976 年左右。"地震学如何在月球上发挥作用，詹中文用一个形象的比喻说："如果你想了解月球内部的构造是什么样的，其实最重要的方法就是通过地震学。就好比说人去看病的时候需要用 CT 或磁共振来检查扫一下。那么地震学其实相当于给星球做 CT。"对地球上的地震预测来说，利用地震学弄清楚地球的内部结构也至关重要，"掌握了这一点，才能知道地震波在哪里传播得会快一点，在哪里传播得会慢一点"。

教学楼二楼和三楼是地震实验室。这里时常会接待一些小学生团体参观。所以相对于一楼的图片陈列，二楼、三楼显得更加琳琅满目，有各种各样的实物展台，以及一些可以互动的小设备。

詹中文在一个线拉锤子一样的装置面前停留了一会儿，为我们演示了这个"简单到可以自己在家组装的地震仪"。他在设备旁跳动了一下，仪器的指针马上出现了一些轻微的摆动，非常地直观鲜明。"你看我这样跳一下带来的了的震动，这个仪器就可以直接测量到。当然了，其实我在仪器的旁边跳一下已经是一个非常大的震动了。实际上这些地震仪器能够测到非常非常小的震动，可以是在纳米级别的地球表面振动。"由于整个加利福尼亚州处于地震带上，所以地震的检测和研究对于加州而言是一个格外重要的命题。"像这样传统的地震仪，我们在整个南加州有四百多套。"加州理工大学是全球在地震研究中当仁不让的翘楚。从 20 年代开始，加州理工就发明了各种各样的装置，不断提高地震检测的精度。同时也利用科技发展，将传统的地震仪不断地电子化，利用新设备整合大数据处理，不断地提高着人类对地震预测以及灾害处理的能力。

↑　詹中文站在简装地震仪前
（2021 年 3 月 10 日）

在二楼的走廊上，还摆放着一大堆电子仪器设备，以及显示不同数据的显示屏。詹中文选择了其中一块满是线条的显示屏告诉我们："只要你认真看一会，你会发现这当中有一些线是在动的，因为这些数据全部都是通过南加州的数百个地震台站实时传送过来的。为什么要设立这么多的地震台站呢？那是因为我们要解决速度问题，我们最后得到的数据一定要跑过地震波的速度，这样我们才能提供地震的预警。所以你可以想象一下，当地震刚刚发生的时候，两三秒之内科学家就已经知道，同时可以确定这个地震到底有多大，以及这个地震波将会波及到哪儿。"

由于经常要做地震的震级发布，詹中文教授所在的系索性就在学校里安置了一个小型演播厅，布置好背景与灯光。这样，当地震发生的时候，新闻媒体可以直接通过加州理工的演播厅向世界传递地震的消息。演播厅现场背景图上显示的"USGS"就是美国联邦地震调查局的简称。

通信光纤织巨网

  预警地震的重要性毋庸置疑。但一直到目前为止，人类对于地震进行预警的能力并不强。"根据加州理工地震实验室的记录，每三分钟就有一个地震。所以如果让我预测未来十分钟有没有地震，我可以明确地说有，但是我不知道它会在哪儿，也不知道具体时间和震级。"这是因为目前人们对地震的了解还不够。常规用于监测地震的地震台站，由于建设成本和环境条件的种种限制，数量往往不够密集，覆盖范围也不够广阔，所以在数据不足的情况下，科学家们研究地震的能力始终都受到了限制。

  詹中文想了一个办法，或许能够有效地解决这个问题。这个办法听起来好像很简单，就是利用"通信光缆"。詹中文拿起一条光缆向我们解释道："你看，其实一条光缆当中有上百根光纤，而

↑ 詹中文在加州理工地震发布演播厅（2021 年 3 月 11 日）

↓ 詹中文在观测他实验室的数据（2021 年 3 月 16 日）

我们要做的就是利用其中的一根光纤。因为光纤其实就是用玻璃拉制的，所以在光纤的内部，事实上是有很多极其微小的肉眼看不见的反射面的。在一米的光纤当中，就存在着成百上千个这样的反射面。我们利用激光发射仪持续地往这个光纤当中打入一个脉冲信号，进入一部分光，这些光会通过光纤当中那些不均匀的小小的反射面反射回来。通过对这些反射光的捕捉和计算，你就可以发现每一公里光纤不到一毫米的位移。当然这个反射光的速度是非常快的，它是在 10 的负 12 次方秒里发生，是一个飞秒级别的反射捕捉。"

詹中文站在一个布满了花花绿绿波形的屏幕前指给我看："这个屏幕上显示的就是通过对反射光的运算，我们捕捉到的不同的振动波段。你会发现。这些不同的振动波段有一些是缓慢的，有一些是非常急促的。有一些是一秒钟就可以跨过数百公里，这些（一秒数百公里的）就是地震波的波样。通过这样的方式，我们就相当于在帕萨蒂娜建造了 5000 个地震台站。"在此之前，由于成本等问题，帕萨蒂娜只建造了三个传统地震台站。所以这种方法对于城市地震波检测而言，可以说是用最小的努力获得了最多的信息，从而可以实现迅速的规模化。这个方案出来之后，很多城市都来找詹中文，希望在当地可以利用闲置的光缆做对应的地震检测。

光纤地震监测在捕捉地震数据方面卓有成效。詹中文印象最深的一次行动是在 2019 年。当年加州发生了一次 7 级的地震，那是加州二十多年来最大的一场。在它发生的前一天，詹中文恰好就在地震区附近做一个光纤的起步实验。根据经验，他判断一定还会有很多余震。于是他想要将迅速把仪器装置起来，以便监测并掌握这些余震的情况。但地震区是军事基地，要进入必须提前三天申请。那时正是夏天最热的时候，詹中文的团队在沙漠里等待了四五个小时，最后还是没能获准进入，然后当晚就发生了 那次七级地震。"当时我非常伤心、愤怒，太难受了。"詹中文还记得那是个星期五的下午，怀着强烈的挫折感他决定放弃周末继续工作。第二天又赶到办公室查看大地震附近的地图。

"突然看到那边有个机场，我很兴奋。因为机场是个数据量很

大的地方，一般都有光纤。"于是他立刻从网站上找到了机场的管理员的联系方式，在完全陌生的情况下打了电话过去。那个管理员就住在地震区的附近，因为房子被破坏了正在收拾东西，接到电话的时候非常惊讶。詹中文告诉他自己想利用光纤来研究余震。管理员听说自己能帮上忙，非常激动，马上同意了，并帮忙联系上了光纤公司的 CEO。

在各方努力下，几天之内詹中文就把四台仪器布到了光纤上。尽管错过了最大的一场，但是仪器捕捉到了许多小型地震，"得到的数据也够地震学家研究好几年了"。

好在詹中文当时没有放弃。2021 年暑假的时候，在机场运行的仪器又捕捉到了一次 6 级地震。说时詹中文难掩激动："这就是我说的一定要坚持。你也不知道他会在哪里发生，没有办法预测。只能是靠着你的信念，尽力四处扩大自己的观测网络，就有可能抓到一个。"

通过分析仪器数据，能够得出比原有的几十个站台详细得多的结论。以往能得出的对地震的描述是：大约 10 公里大的断层在地球内部 8 公里左右的地方滑动了一下；现在则能"看到"相关地方有四处被破坏了。詹中文打了个比方来描述这两种不同的精度，就好像观察掰断两块被四个钉子钉在一起的木板，如果用肉眼的话，只能看到板子被掰断了；如果通过高分辨率的仪器，则能看到这四颗钉子在力的作用下一步步形变而断的过程。这意味着，詹中文现在可以更精确详细地了解地震是如何发生的。他把得到的结果与专门研究地震物理的同事分享。同事说，他很早以前就在电脑上模拟过地震发生的这个过程，但是从没想过它真的能被看到。"我们真的感觉到往前进了很多，我们越来越有信心能把这件事情做好。"

詹中文还想把事情接着做下去，想把这个地震观测网络成千倍、成万倍地加密，从而不错过未来发生的每一个地震。"每一次地震都是了解地震的机会，把它研究清楚，最终能让我们对它的机理有足够的了解。"春节的时候，詹中文在自己所在的地震实验室写了副春联，"通信光纤织巨网　地震之谜或有期"。他相信，"解开地震之谜，真的是有希望的"。只有了解了地震的机理，才能知道地震预测是否可能。"虽然可能搞清楚之后，最终的答案是地震本质的物理过程就是不可预测和随机的。但是起码我们有了一个肯定的答案。"他潜心投入这个探索的过程，并不纠结于其间遇到的是惊喜还是惊吓，怀着一种科学家独特的沉稳，相信自己能够"慢慢地把事情搞清楚"。

除了陆地以外，光纤还遍布海下。2020 年 7 月，谷歌 CEO 桑达尔·皮查伊（Sundar Pichai）发了一个推特，称他力挺一个通过海底光缆监测地震的研究项目。这个项目就是由詹中文与谷歌光纤通信专家携手推进的。詹中文希望可以将铺陈于海底的居里电缆转换成地震传感器，从而用较小的成本实现更大范围的地震海啸监测。在接受采访的时候，詹中文信心满满地说："我们相信这是监测海底地震活动性的第一个能在全球范围内大规模实施的解决方案。"现在，他还在与谷歌合作开发新的机器学习算法，希望通过算法检测出光缆偏振变化，更精准地判断变化来源，在未来实现更准确的灾害预警。

探索地下世界

人类科技现在似乎正在经历着一个太空时代。从月球到火星，到更遥远的星际。人们把目光不断地投向了宇宙的更远更深处。但与此同时，探索地球本身的脚步却依然步履维艰。地球的半径有 6370 公里，内部是厚厚的岩石。目前人类科技所能进行地质勘探最深的深度，不过是地下 10 公里左右。我们赖以生存的这个星球内核究竟是怎样的？其中有什么？这些问题深深地吸引着詹中文。

现在他提出的光纤地震监测方法，可以说是人类了解地球的有力工具。它不仅能为研究地震作出贡献，还能在更大范围上向外扩展，具有多样应用的可能。简单来说，就是通过对仪器显示的不同波形和地震波速度的分析，获知城市地质的差别和变化，从而为许多现实问题提供科学的依据。

↑　2021 年 3 月 15 日

比如，他的仪器监测到，在直径距离只有三四公里的一个小镇上，东西两边的震动强度差了三倍。这从常识上来说是难以想象的，因为现实中两端的破坏并没有很明显的差异。于是他带的一个研究生又另外想了个办法印证数据的准确性——利用城镇道路上来来往往的车辆。因为车子行驶产生的颠簸也会产生微弱的地震波，"敏感"的仪器正好能收集这个波动。结果发现，"这个镇子的东边不光震动强，车产生的地震波传来地也慢。西边就不一样"。为了进一步研究这个奇特的发现，詹中文的团队想办法把整个市镇下 100 米到 200 米的范围沿着几公里做了一个成像，发现在东边有很多很软的沉积物。他们接着翻阅附近地质调查的地图，结果查到这个地方以前是个湖，叫中国湖（China lake）。"1900年左右，很多华人劳工在这个湖里采盐碱地里面的盐和硼砂，所以这个湖就叫中国湖。"如今中国湖已经干了，但在以前是湖的地下，石头特别软。这才导致地震波来的时候，强度比西边扩大了三倍。

这项研究在方法论上具有非常重要的意义。因为它表明，在具备来往交通和光纤的条件下，在城市中也可以进行地质勘探，即通过监测分析地震波速度，监测并了解沉积层最软的地方。在以前，地震台站之间相隔 10 公里，不可能获知三四公里范围内的变化。到了现在，"每 10 米就是一个台站，我们才能够知道相关的情况"，得出的结论就能够帮助城市管理者更科学地分配有限的资源。比如可以集中力量加固最易受影响区域的房屋，从而在整体上减少地震灾害造成的破坏。

此外，记录光纤数据，搞清地下结构还有一个可观的用途，就是可以监测地下变化的情况。詹中文团队对比了同一个地方在两年间的数据，发现在这个跨度内真的产生了 1% 的变化。这个非常细微的偏差经过分析被认为是与降雨相关的，下雨之后雨水渗透到地下岩石间，才导致地震波的速度有所改变。这样一个在科学上算是基础的解释，"另有用处"，因为它可以用来监测地下水的情况。目前地下水的监测仍然是一个非常困难的事情，基本只能依靠打井。大多数地方就是靠相关人员一年去井边勘查一次，查看水距离井口的距离。条件好一点的地方则由政府专门机构维护，一月测一次距离。但全区域内井的密度之低依然不足以让人们了解地下水的情况。现在詹中文可以做到的是，每两周更新一次实时的情况，呈现出地区每一个区域的地下水产生的变化。"我们现在刚刚起步去理解这个发现，但是同时我们也在试图推广这个事情"，因为这直接关系到人们的生活。"如果能用光纤测量地下水变化，就能够把更多的水留下来，那就在相当于解决了一部分水资源的问题。"在纯学术研究以外，詹中文非常关心这些具体的事情。他希望这些科学上的进展能够吸引人们去在现实中应用，从而为更好的生活条件创造可能。

　　詹中文与我分享的这些激动人心的事情，说起来好像水到渠成，实际上是经过了超大量的工作和各种各样的失败才完成的。科研就是这样，总是不断与痛苦抗争，不断地坚持，才能在某一个时刻突然就"I GOT IT"（我知道是怎么回事了）。从业这么多年，詹中文依然能从解决问题中感觉到一种无比纯粹真切的快乐，就像他童年时一样。现在他还能把这份心情带给他的两个女儿。在詹中文家的晚饭餐桌上，每个家庭成员都要出一个供大家讨论的话题。"大女儿每次提的都与科学有关，不知道她怎么有那么多的问题。"詹中文笑着说。他总是尽最大努力为女儿解答，看到她那不带任何功利心的好奇得到满足而眼睛发光的样子，他觉得神奇又享受。五岁的女儿如今每天都问他："爸爸你今天有没有读书？"他回答说："有读。"她又问："是不是又是关于地震的？"他说："是的，只有关于地震的书。"

詹中文的普鲁斯特问卷

你认为最完美的快乐是怎样的?
科学发现时的那种纯粹的快乐。

你最希望拥有哪种才华?
音乐。

你最恐惧的是什么?
恐怖片。

你目前的心境怎样?
热情。

还在世的人中你最钦佩的是谁?
金森博雄(Hiroo Kanamori)。

你认为自己最伟大的成就是什么?
尚未出现。

你自己的哪个特点让你最觉得痛恨?
容易感觉到挫败感。

你最喜欢的旅行是哪一次?
2015 年的欧洲之旅。

你最痛恨别人的什么特点?
没有激情。

你最珍惜的财产是什么?
无。

你最奢侈的是什么?
自己的时间。

你认为程度最浅的痛苦是什么?
没想过。

你认为哪种美德是被过高地评估的?
没想过。

你最喜欢的职业是什么?
科学家。

你对自己的外表哪一点不满意?
头发太乱,太难打理。

你最后悔的事情是什么?
错过了研究一个地震的绝佳机会。

还在世的人中你最鄙视的是谁?
无。

你最喜欢男性身上的什么品质?
坚强。

你使用过的最多的单词或者词语是什么?
无。

你最喜欢女性身上的什么品质?
抚慰人心。

你最伤痛的事是什么?
无。

你最看重朋友的什么特点?
直接不做作。

你这一生中最爱的人或东西是什么?
家人。

你希望以什么样的方式死去?
老死。

何时何地让你感觉到最快乐?
家。

如果你可以改变你的家庭一件事,那会是什么?
让父母身体健康。

如果你能选择的话,你希望让什么重现?
未来。

你的座右铭是什么?
无。

戴华伟郎

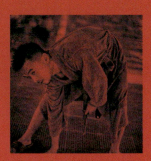

抗衰生物技术公司 New Frontier Bio 创始人。
哈佛商学院 2018 届 MBA。

没有一天不想创业

与众不同地生活

"戴华伟郎"是个特殊的名字。几年前我们初次相识，他介绍自己姓名的时候，我不得不一个字一个字地核对了一遍。这个名字是他父亲帮他取的，意思是"戴氏中华伟大男儿"。来自温州农村的父亲自小家境贫寒，成长艰难，也很少得到什么认可。心中总是憋着一股证明自己的劲，于是给孩子取了这个名字。这多少还是给了戴华伟郎一些压力，所以每当他要跟朋友们自我介绍的时候，更习惯用他的英文名"Clement"，或者直接说：叫我戴华就行。

戴华小时候生活在上海一个非常贫困和糟糕的地方，邻居有吸毒的、卖淫的。尽管如此，他还是觉得那是"最无忧无虑的十多年"。后来父亲失败三次后第四次创业成功了，就带他离开了那里。戴华本科的时候在明尼苏达文理学院读经济，跟着曾经带领美国赴华贸易破冰之旅的导师组织过中美论坛。毕业后他又去了基辛格中美研究所，做驻华大使的助理。从来只知道商业社会的他，开始了解政府与政策。此外他也在医疗器械公司任过职，参与过联合国气候变化组，做过 IBM 能源环境与电力组内部创业项目"绿色地平线"，卖 PM2.5 预测、水质监测及新能源解决方案。他还参与建立社会组织，在四川、云南的边缘山区做过教育。

2016 年，戴华收到了哈佛商学院的 offer。"我觉得哈佛看我是一个奇葩才选的我。"他为此哭了。在此之前，他一直在努力做得与别人不同，常常独来独往，认准的事情就不会顾及任何人的反对，但只有他自己享受这一点。现在哈佛看中了他这支值得冒险的潜力股，他觉得自己算是得到了来自社会的认同。

那时候和他聊天，他明明还很年轻，却总是会谈起"命"。"我不愿意相信命，但我又必须相信命。"他的父亲一生经历了那么多，最终就把那些曾经坑过他的人和那些错过的机会，看作是命中的定数。因为很多事情真的无法用因果去解释，"就是命"。有这样的想法，倒不意味着消沉无为，而是更多地要去追求一种安宁。有一回他去冥想的时候遇到一个大妈。他和大妈聊天，问：

← 戴华伟郎，在上海嘉里酒店健身中心泳池（2021 年 11 月 2 日）

"我是靠冥想寻找快乐的，你也是吧？"结果大妈说："不是，我是来寻找内心的平静。"戴华听了很是羡慕，他希望自己也能够达到这样一种不以物喜、不以己悲的状态。

涉足生物科学

戴华从哈佛毕业之后，本来打算回国，结束在美国十年的流浪生活。他父母也做好了准备，帮他带回国很多冬天的衣物。未曾想一个医疗机构的企业主在那时给他了一个 offer，邀请他留在美国。"很多精彩的决定往往在意外中发生。"经过了几个月的考虑和犹豫，他抓住了这个重要的机会，又留在了波士顿。这份工作主要是做早期生物医药的投资："我们做早期投资，同时也会与科学家一起做公司，并肩把他们的科研成果尽早商业化。现在花很多时间从头开始学起生物医学的基础知识。"

那是 2019 年，我们在哈佛商学院的埃斯特韦斯公寓（Esteves Hall）坐着。他穿着一袭长衫，围着一条短围巾。毕业有一年了，他变化不少，更多了些平静与稳重。"以前总是觉得自己必须爱憎分明，黑白明辨，自己都可以感觉到自己浑身是棱角。到任何一个环境，从来没有想过要让大家都喜欢我，总是想着我行我素，标新立异。现在这个感觉变了。我自己都可以感觉到棱角在慢慢地被磨平了。"相比起来，他更喜欢自己现在的样子，不那么愤世嫉妒，对万事万物都多了些理解。他开始珍视时间和朋友，想在自己爱的人身上投入更多的时间。"一会儿，我还要带温州同乡会的一个小朋友去看看肯尼迪纪念堂。我特别欣赏他，觉得在他身上有很多我很羡慕的优点，能让人看到希望。"桌上一杯咖啡，一碟水果，戴华和我聊起他的变化。

对新的工作，一开始他觉得有点得不偿失。因为他最初的工作与能源相关，原来积累起来的知识在新的岗位上就不再能起什么作用。直到他发现很多前辈也有相似的从头开始的经历。通过向

→ 戴华在哈佛商学院落成不久的 Hi 创业项目实验室前，站在车上（2019 年 9 月 28 日）

他们请教，戴华深受鼓舞。"我觉得自己像是回到了大学本科那会儿，每天都在不停地学习，而且从最基础的生物学知识学起。特别充实。"他的公司主投的方向是干细胞领域的研究，他便饶有兴致地和我介绍："干细胞的发展真的非常迅速，我亲眼看到了利用干细胞重新生长牙齿的案例。它还可以用来延缓衰老，使得肌体组织更加健康。"他相信干细胞技术会对未来医疗领域产生革命性的影响，但与此同时，另外一个问题也变得越来越突出，即高昂的成本只能让一小部分人享受到利用干细胞成为超级人类的福利。由于种种限制的存在，干细胞技术真正到大规模运用还有很长的路要走。"我最近一直在想这个事儿。"无论如何，值得庆幸的是，戴华确信他自己正在做一件与生命相关的、非常有意义的事情。"未来我应该会在波士顿再待上几年。"因为在生物科技领域，整个麻省占了美国 40% 的市场份额，而仅仅麻省理工所在的肯德尔广场又占了这其中的近 40%。"全世界最好的生物科技，都这里发生。"此前他没想过自己会从事这个行业。然而随着时间的推移，他越来越深刻地体会到生物科学这个相对微观的领域中所蕴含的巨大想象空间。

"当然，除了投资以外，我还是会关心很多我喜欢的人文话题，比如前不久的基因编辑婴儿的问题，基因编辑和贫富分化的社会伦理问题，等等。"波士顿在文化层面上也是他在美国最喜欢的城市。在这里，"和一群聪明而且有抱负的人在一起喝茶喝酒，谈一些看似无用却深刻的话题，是最开心的事。波士顿有许多有创造力、有理想、有能量的活动。在这些活动里，你总会遇见一些有可能会改变这个世界的同龄人，这让我着迷"。他把这种让人兴奋的状态叫做"hopeful"（充满希望）。

归国创业

2021 年，Clement 戴华伟郎回国了，开始了他创业之旅的

戴华在深圳福田的中国凤凰大厦爱影公司办公室午餐（2019年2月1日）

又一站。这不让人意外，2016年的时候他就告诉我，"我肯定会选择回国，原因是根在那里"。再者，"温州人嘛，你知道的。没有一天不想创业"。"我小的时候有个本子，上面写着我六七岁坐公交车开始到高中那会儿想过的所有创业点子，靠谱的不靠谱的，没有一天停止过。有投资人问我，你为什么想创业，我说除了创业，还能有其他事情干吗？"我和他约在上海嘉里酒店健身中心，他笑着跟我说。

为了这次创业，戴华筹备了不少的时间，也付出了不小的代价。说赌上了全部并不过分，那是他一贯的性格，从八年习武的经历中修来的。六岁的时候他被父亲送去师从少林和尚学武，"少林讲的是快。练一分半就相当于用100米的速度跑完400米。我通常练到一分就累得不行了。但是又不能停下来"。就这样慢慢地，他的意志变得异常坚韧。当年从哈佛商学院毕业的时候，摆在他

面前的还有另一个选择，就是顺顺当当地进入一家跨国企业，拿百万年薪。但最终他还是选择相信自己对生物行业的判断，把赌注押在了千亿美金的抗衰老领域的未来。他进入的是一家创业公司，拿的年薪不到 6 万美金，还不足以涵盖他在美国的开销。以至于有一段时间他交不起房租，平生第一次向朋友借了钱。但是尽管如此，他也不以为苦。

现在，戴华为他的抗衰生物技术公司 New Frontier Bio 组建了豪华的创始人队伍和科学家研发团队，有一些哈佛和麻省理工的校友加入其中，同时还组织了波士顿抗衰老学界的部分核心资源。和一般的抗衰老公司的定位不同，New Frontier Bio 倾向于把衰老定位成一种疾病。如何干预、稳定，甚至逆转根本生物层面的衰老，而非表层的衰老，让人们借助必要的生物科技达到健康长

← 戴华在泳池旁做拉伸（2021 年 11 月 1 日）

↗ 戴华在上海招商局广场 WeWork 办公室（2022 年 3 月 1 日）

225

寿，是他们追求的目标。目前，已经有几个欧美家族投资人和来自中国的明星投资人参与了他的天使轮融资。

　　疫情期间，他和 Nyx、韩璧丞等几个哈佛校友以及部分美国高校友人，一起搭建了一个资源汇总平台，嫁接海内外的救援物资。同时，平台提供了第三方认证，确保交易双方的信息真实性与准确度。在疫情最为严重的时候，帮不少企业解了燃眉之急。当时他们做的事引起了不少主流媒体关注，很多人想要采访他。也就是在那一段时间，他发现自己还是一个挺内向的人。面对一些不得不做的公关工作，内心还是挺不愿意的。"可能是我对自己还没有信心吧，"他笑着说，"我自己感觉比较舒服的还是 B2B 的生意。"话虽如此，2021 年 10 月 31 日，他代表他的抗衰生物技术公司在斯坦福数字医疗创新论坛上完成了第一次公开演讲，主题是"抗衰及数字驱动精准抗衰的畅享"，效果斐然。戴华相信，他的公司在早期会是一家以生物技术驱动产品不断迭代的平台级公司，而在未来，将会成长为一家数据驱动的精准抗衰服务平台。

→　2022 年 3 月 1 日

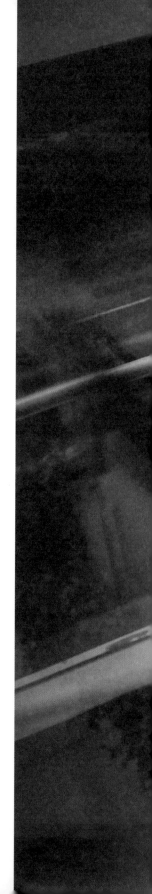

创业的起始：我与世界，与你们[1]

戴华伟郎

创业开始的第十一个月，原本暂时回国的三个月开始有了变化，我正式决定回国扎根，结束十四年来在中国内地、中国香港、美国的漂泊，回到我长大的地方，上海。也正巧在一个我5岁开始每周都会来学英语学表演的上海电视台附近的办公室落地，像是转了一个大圈，回到了原点。而一位医疗界的前辈昨晚说，这样才对，原点和家才能让你安心发力。我说，您说得没错。感恩所有在过去这么长时间支持我的朋友与长辈，这个感恩节我得到的比我给予的多得多。

感谢今天大家能来，我们曾经的文科状元大才女H被我折腾，换了很多次地方。原本是一家环境十分好的西班牙餐厅，最后我还是坚持要在这家离我长大的地方不

远的温州家乡餐馆，略有点简陋。我估计今天在座的一些现有投资人应该会非常欣慰，有我这样抠门节约的CEO。今天，我不想讲太多关于我们公司的事儿，我们在工作时间可以再聊。既然是个节日，我来分享一下关于我个人的几个小故事。

关于做企业与做人

我6岁那年，我和爸妈从温州搬来上海的第三年，住在离这儿不远的太阳山路上，新客站附近。熟悉上海的朋友会知道，那是个上海著名的三教九流频繁出没的三不管区域。春节前后，那天应该是大年初夜，天有点冷，我和爸妈在漏着雨的客厅，

---

[1] 本文为戴华伟郎2021年11月26日在 New Frontier Bio 公司感恩节活动上的讲话。

吃着年夜饭。这时候来了一个穿着棉袄的老人，左手拿着一副春联，右手拉着一个和我差不多年龄的小孩儿，给我们拜年。我爸起身，拿了一块钱给他们，没让他们立刻走，端了一碗饭，从放在我面前的碗里夹走了几块烤鸭，说别着急，吃完再走。今年我33岁，过了27年，我还记得那一夜。那一年我爸刚从第二次创业失败中走出来，准备开始他的第三家创业公司。六年后，他提着几袋现金买了新房，我们离开了新客站，我小学毕业。

关于共识和听从自己的心

我一直都不认为自己是个智商太出色的人，从没参加过奥数班，从不是三好学生。18岁以一个过得去的普通成绩去了香港，只想将来在香港做个小学或者中学老师。但生活学习了没多久，我长大以来第一次开始问一些终极意义的问题，在青春的方向上左右徘徊。在无望的时刻，遇到了一位长辈。我2007年去的香港，这位长辈的儿子2007年顺利进入了哈佛商学院。那时候，我没敢想太多，只是一个很短暂的念头，好像美国的学习和生活更有可能性。在所有人都反对只有这位长辈支持的情况下，我在六个月后办理了退学手续，申请去了美国，为自己第一次做了决定。近十年后，那位大哥在美国凌晨3点打电话给我，比我还激动地流着眼泪恭喜我拿到了哈佛商学院的录取通知书。

关于世界与自己

我的一位大学恩师Richard，是刚刚过世的《邓小平时代》作者傅高义先生在哈佛东亚研究中心的第一批学生。大二那年，Richard和我分享了一个抓阄的小故事。他40年代生人，从小在旧金山唐人街长大，很多儿时的朋友都是华人，见证了珍珠港事件、朝鲜战争、越战。在哈佛两年毕业前夕，他和几个同学在一起，有一个共识：中国与美国避免或消除误解与冲突的方式，是不能仅仅在北京与华盛顿之间有沟通，而是要在州与州、地区与地区之间有桥梁。于是那十个左右的朋友，每个人抓阄，决定谁去美国的哪一个地区推进中美关系。Richard抓阄到了明尼苏达，后来成了中美之间重要的外交官，参与推动建立了芝加哥领馆。作为竞选团队中的国务卿候选人，他和卡特时期的副总统蒙代尔一起竞选过美国总统，竞选失败后他回到学校教书教了一辈子。在听到那个故事前，我和许多温州孩子一样，脑子里以为做企业赚钱是唯一能够改变社会与世界的方式，是最崇高的职业，从没想过竟然会有这样一批人因为一个如此宏大的与钱无关的事，与自己无关的事，付出自己的青春。两年后，毕业的第一个夏天，我进入华盛顿一家智库，研究中美关系。那年我23岁。

关于行动与时机

2020年1月21日，我从香港飞抵肯尼迪机场，还没出关，我接到一个电话问，你知道哪里可以找到口罩么，国内似乎很需要。我说我不知道，让我问问。接下去的 24 小时，我们得到了超过 3000 万善款的支持；72 小时后，我们搭建了一个近百人的志愿者团队，设立了对货物及买家尽职调查的流程，应对了无数次的精神与体力的崩溃和考验。从我 6 岁那一年，到哈佛读书，我一直都很清楚要创业，要做一家伟大的企业，但一直都不知道什么时候才是正确的时间。直到去年疫情期间，我和我的两位朋友，今天也都在场，Joyce 和 nyx，也有不少兄长包括 Ted 学长，还有在线上的黄晶生老师等朋友与长辈的支持，做了一个为武汉以及各地捐赠医疗物资的公益平台。最后匿名接受《时代周刊》采访的时候，记者说道，你们太伟大了。但其实我心里想，我们一点都不伟大，反而很自私，因为从中得到的反而比给予的更多。而我得到了对自己的价值认同。我事后反思，嗯，创业的时候到了。就是现在。

大家可能听出来了，我的每一步，都有一个或者一批重要的人在推着我向前走，打开一个新世界，一个新的价值体系。而我作为一个理科生，最重要的软性的那部分价值观，都受到他们每个人的影响。无论是我三次创业的老父亲，还是香港那位长辈，还是把世界利益放在自己青春之前的大学恩师，又或是今天在座的很多帮助过我们这家不起眼的初创小企业的人。我都一直心存感恩。创业，九死一生，这个是事实，即使我们有再好的团队与技术与愿景。但这份感恩，我会一直记得。也希望在下面的时间里，和各位共同努力，以这家公司为起点，开始我三十几年来一直想做，但拖延着不敢做的这一件事儿。

最后和大家分享一段，我的一位老师 Larry Culp，现任通用电气总裁及董事长，在毕业前夕的一段赠言，也很恰巧总结了今天的几个故事：

Life is a long race, unfortunately, we don't spend much time at destination enjoying results, over time we will realize achievement and sense of pride is transient. So enjoy the moment, focus on being happy in the present. Also, as the world advances and as you lead and advance the world, be mindful of those who have been left behind, be ambitious not for you, but for your team, your organization and your people around. Be substantive, do not stand by and only engage in intellectual conversations but instead do get into the weeds to drive real results and real change for the people around.

人生是一场漫长的竞赛，可惜的是，我们没有花太多时间在目的地享受结果。随着时间的推移，我们会发现成就感和自豪感都是短暂的。所以，要享受当下，专注于当下的快乐。此外，在世界进步以及你推动世界发展的过程中，要注意那些被甩在后面的人；要为你的团队和你周围的人保有雄心壮志；要做实质性的事，不要袖手旁观，只参与知识性对话，而是要深入现实，为人们带来真正的成果与改变。

戴华伟郎的普鲁斯特问卷

你认为最完美的快乐是怎样的?
我并不追求快乐,我认为快乐是稍纵即逝的。

你最希望拥有哪种才华?
快速阅读能力。

你最恐惧的是什么?
害怕自己活着没有灯塔。

你目前的心境怎样?
满意,但不满足。

还在世的人中你最钦佩的是谁?
我父亲。

你认为自己最伟大的成就是什么?
疫情期间,义务从世界各地输送口罩给疫区,匿名上了《时代周刊》。

你自己的哪个特点让你最觉得痛恨?
无。

你最喜欢的旅行是哪一次?
18 岁生日第二天,独自买了 10 美元的车票坐 megabus 的长途汽车去芝加哥。

你最痛恨别人的什么特点?
双标准。

你最珍惜的财产是什么?
信任。

你最奢侈的是什么?
时间。

你认为程度最浅的痛苦是什么?
吃甲鱼。

你认为哪种美德是被过高地评估的?
公平。

你最喜欢的职业是什么?
一切具有创造力的职业。

你对自己的外表哪一点不满意?
胖一点就好了。

你最后悔的事情是什么?
无。

还在世的人中你最鄙视的是谁?
无。

你最喜欢男性身上的什么品质?
胸怀与远见。(不认为应该分男女来回答)

你使用过的最多的单词或者词语是什么?
辩证。

你最喜欢女性身上的什么品质?
"你最伤痛的事是什么?"

你最看重朋友的什么特点?
伯牙与钟子期式的心领神会。

你这一生中最爱的人或东西是什么?
无。

你希望以什么样的方式死去?
只要是极乐世界无痛苦且无遗憾。有一位神经科从业者说在极寒状态下,人会微笑地死去,那或许就是极寒中死去。

何时何地让你感觉到最快乐?
在创造的过程中,成就了他人。

如果你可以改变你的家庭一件事,那会是什么?
无。

如果你能选择的话,你希望让什么重现?
19 岁那年的自己。

你的座右铭是什么?
脚踏实地,仰望星空。